高开高走试探性突破
高开涨停
金叉向上
放量

盘口技术实训

职业操盘基础培训核心教程

STOCK

陈金壮 著

廣東省出版集團
广东经济出版社

图书在版编目（CIP）数据

盘口技术实训：职业操盘基础培训核心教程 / 陈金壮著. —广州：广东经济出版社，2012.12
ISBN 978－7－5454－1695－4

Ⅰ.①盘… Ⅱ.①陈… Ⅲ.①股票投资—基本知识 Ⅳ.①F830.91

中国版本图书馆 CIP 数据核字（2012）第 289710 号

出版发行	广东经济出版社（广州市环市东路水荫路 11 号 11～12 楼）
经销	全国新华书店
印刷	广州市岭美彩印有限公司
	（广州市荔湾区芳村花地大道南，海南工商贸易区 A 幢）
开本	787 毫米×1092 毫米 1/16
印张	9.5 2 插页
字数	109 000 字
版次	2012 年 12 月第 1 版
印次	2012 年 12 月第 1 次
印数	1～6 000 册
书号	ISBN 978－7－5454－1695－4
定价	50.00 元

如发现印装质量问题，影响阅读，请与承印厂联系调换。
发行部地址：广州市环市东路水荫路 11 号 11 楼
电话：（020）38306055 38306107 邮政编码：510075
邮购地址：广州市环市东路水荫路 11 号 11 楼
电话：（020）37601950 营销网址：**http：//www.gebook.com**
广东经济出版社新浪官方微博：**http：//e.weibo.com/gebook**
广东经济出版社常年法律顾问：何剑桥律师

前　言

这是一部关于盘口技术的实训教程，是专门为职业操盘手实盘训练而编写的。这里选取其中的一部分交给出版社出版，算是为各位学习盘口技术提供一种思路。

实际上，盘口技术的学习是非常艰难的，需要有师傅一对一手把手讲解，才能真正领会其中的奥妙，才能知道盘口蕴含的操盘玄机以及各种博弈的真正内涵。

但是，这对于大多数散户来说，那简直是梦想。遥不可及的事情。

对于广大中小投资者来说，想要系统接受职业操盘手实盘训练，极不可能。

但是，又想了解操盘手是如何做盘的，怎么办呢？

我在这本书中以点到为止的方式，讲解一点操盘手训练的实盘课程。

因为众所周知的原因，这些课程只能是点到为止。

你能不能捂出门道，就看你的悟性了。

陈金壮

2012 年 12 月 18 日

写于冰城清静阁书斋

目　录

上　篇

盘口技术实训46讲

盘口技术实训第 001 讲

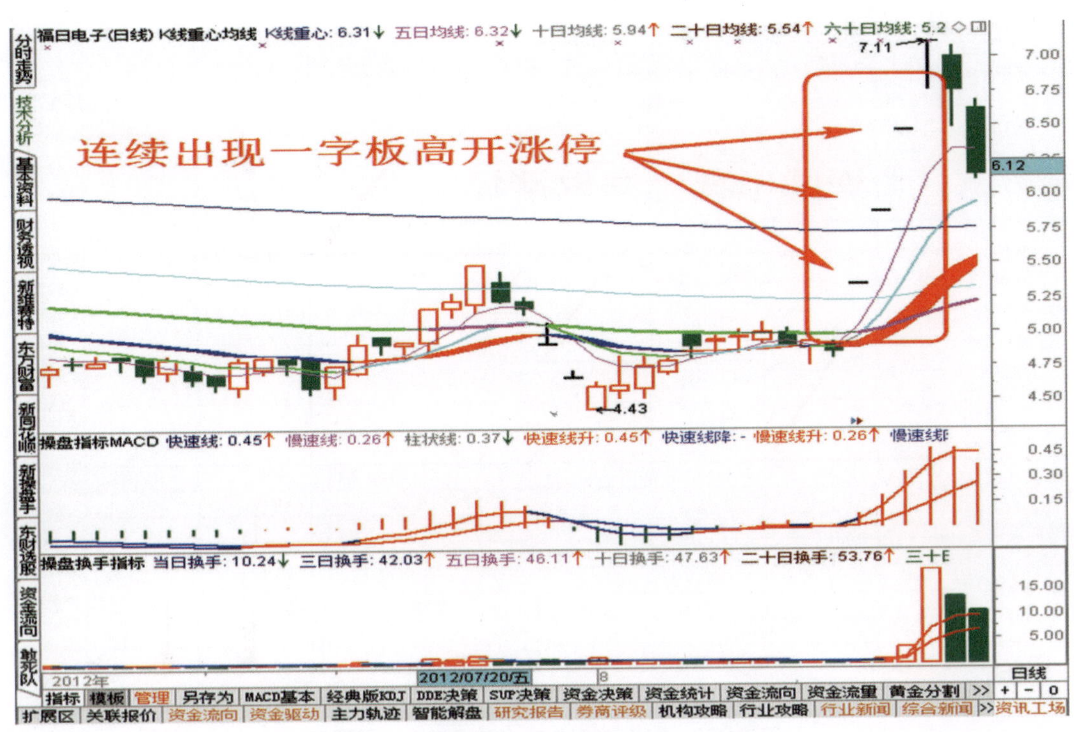

图谱 001　高开涨停日线走势图谱：一字涨停

图谱 001 解说

（一）从空间位置来说，出现一字涨停版之前，股价处于空间位置的相对低位，经过连续多日的整理之后，呈现为等待突破的走势，可上可下的状态。

（二）从 K 线形态来说，近期来是一组阴阳交替的整理型 K 线，十字线和小锤子线交替出现，说明多空双方的博弈已经渐渐失去了方向。最后是一根小阴线，空头略占上风。

（三）从均线系统来说，中期均线 60 日均线走势渐渐趋于平缓，短期均线 20 日均线已经走平，有向上延伸的迹象。超短期均线 10 日均线和 5 日均线则呈现为多头排列。

（四）从操盘指标来说，MACD 指标已经在零轴下边金叉，冒出水平面，开始翻红。

（五）从成交量能来说，整个整理期间，成交量呈现为向右倾斜式缩量，而且缩量到了极致，地量结构非常明显，显示出卖盘稀少了、买盘不多的迹象。

日线走势图分析结论：已经到了变盘的临界点，而且向上突破的概率更大。

盘口技术实训第 002 讲

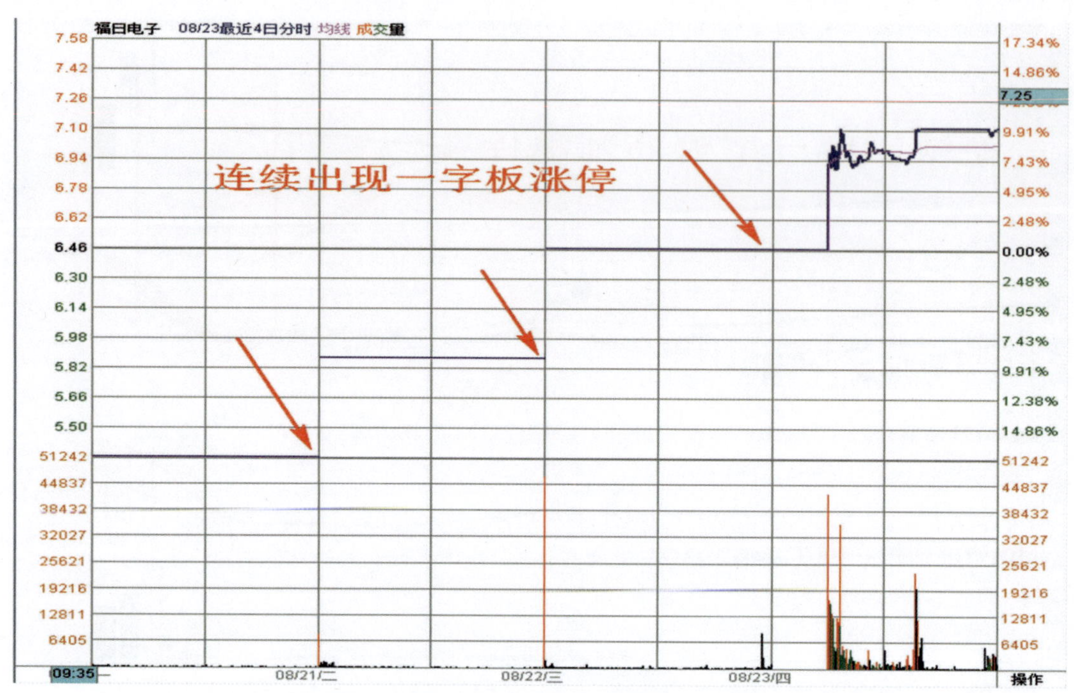

图谱 002　高开涨停分时走势图谱：一字涨停

图谱 002 解说

（一）股价在集合竞价时间段直接以涨停的价格开盘，至 9：30 分出现巨量成交大单，盘口明显发现卖出单量巨大，在新资金进入的同时，盘中抛压也是十分巨大，当天早盘第一时间段盘口即时成交量惊人。这种早盘走势说明抛盘很大，同时承接盘也非常踊跃。

（二）在消息的刺激下，早盘出现这种一字板走势，可以判定当日打开涨停板的概率很小，即使瞬间打开涨停板之后，再继续涨停的概率也在 90% 以上。

实盘训练的时候，职业操盘手的操盘决策如下：

（一）因为该股是近一段时间整理以来的第一次涨停，如果大盘环境健康，那么次日继续顺势上涨的可能性达 80% 以上，因此此时不需要犹豫，而是必须重仓参与，以最快的方式排队买入，以便博取短期内的巨大收益。

（二）因为该股当天受消息的刺激，在集合竞价时间段直接一字板涨停，买不到的可能性极大。那么下一个交易日可以继续排队买进，博取可能的收益。

课堂实训练习1

结合实训图谱001、002的解说思路，尝试分析练习图001、002的盘口特征。

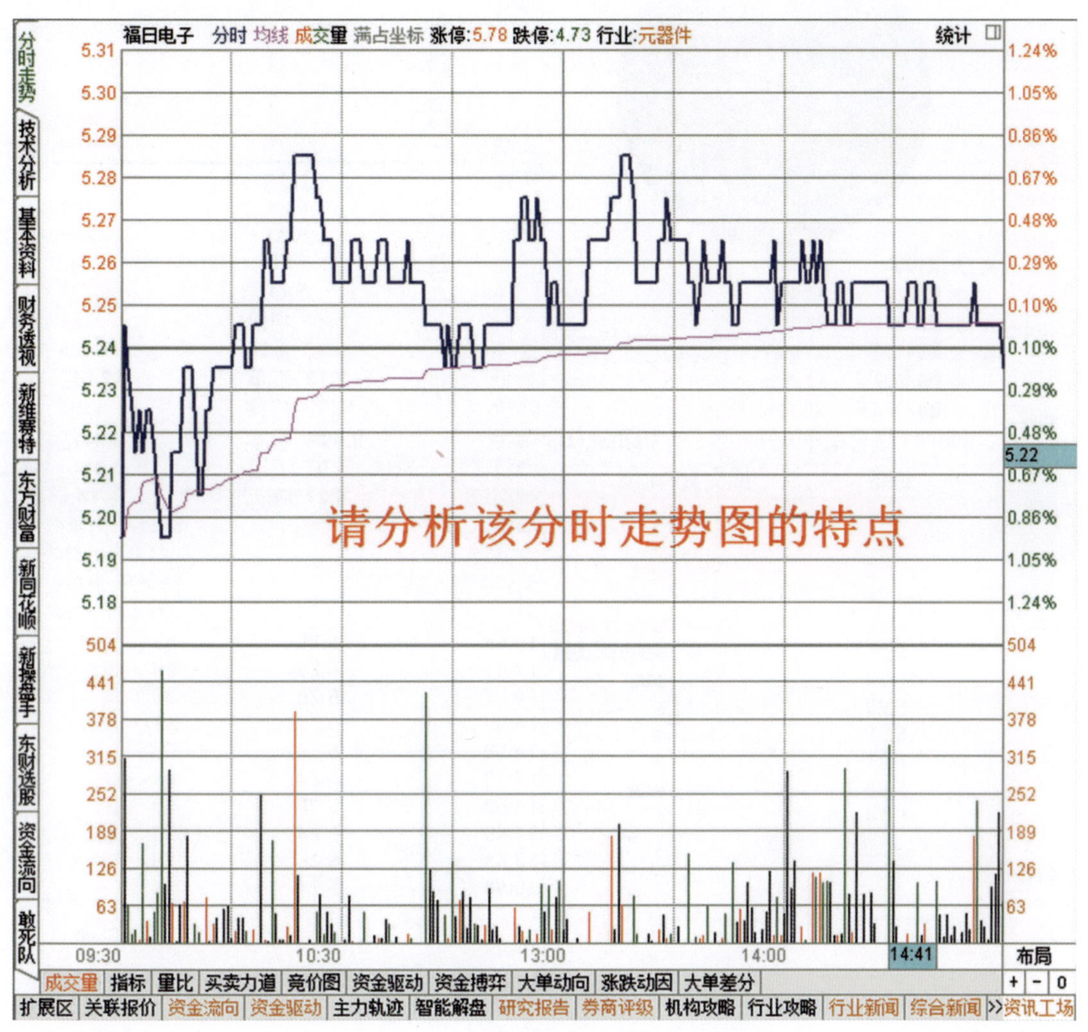

练习图001

请各位参加实训的操盘手把实训练习题答案写在下边，存档备查：

___________年______月______日 星期______ 实训操盘手：__________

（1）____

（2）____

（3）____

（4）____

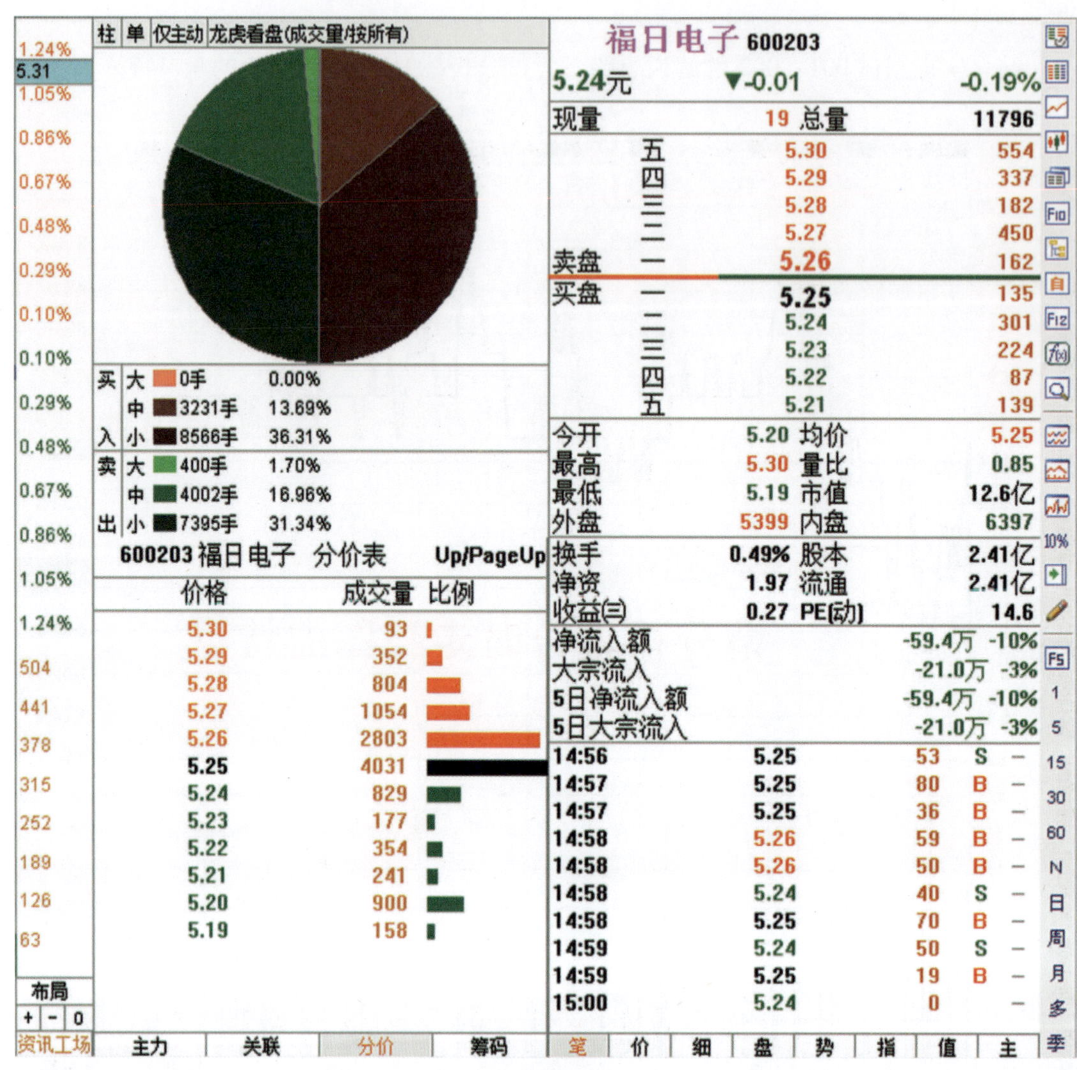

练习图 002

请各位参加实训的操盘手把实训练习题答案写在下边，存档备查：

______年______月______日 星期______ 实训操盘手：______

(1) ________________________________

(2) ________________________________

(3) ________________________________

(4) ________________________________

盘口技术实训第 003 讲

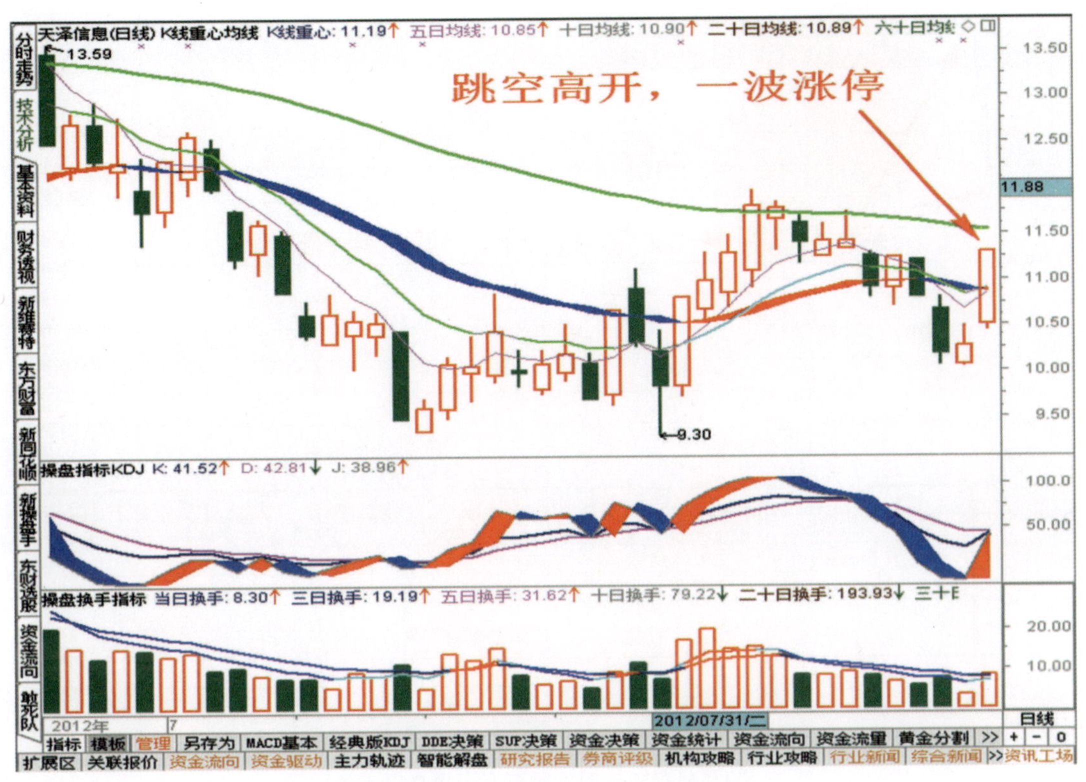

图谱 003 高开涨停日线走势图谱

图谱 003 解说

（一）从空间位置来说，经过前期的整理之后，股价已经处于空间位置的相对低位，目前安全系数比较高，向上的空间比较大，向下的概率比较小，值博率比较高。

（二）从 K 线形态来说，出现跳空高开涨停大阳线之前，已经出现小阳线插入中阴线的攻击型 K 线结构，说明此时多头已经鼓起勇气，向空头发起进攻。

（三）从均线系统来说，中期均线 60 日均线已经走平，向上发动一波大行情的基础条件已经具备。短期均线 20 日均线也已经走平，积极支持行情的展开。

（四）从操盘指标来说，操盘手最喜欢操纵的 KDJ 指标已经出现三线金叉的迹象，J 线拐头向上，跃跃欲试，蠢蠢欲动。表明内在的拉升动力已经很充分。

（五）从成交量能来说，出现涨停大阳线之前，多头的量能偏小，然而星星之火可以燎原，地量式的多头成交量只是暂时的韬光养晦，一旦时机成熟，必然迸发出巨量。

日线走势图分析结论：向上突破已经是指日可待，只等那一刹那到来。

盘口技术实训第 004 讲

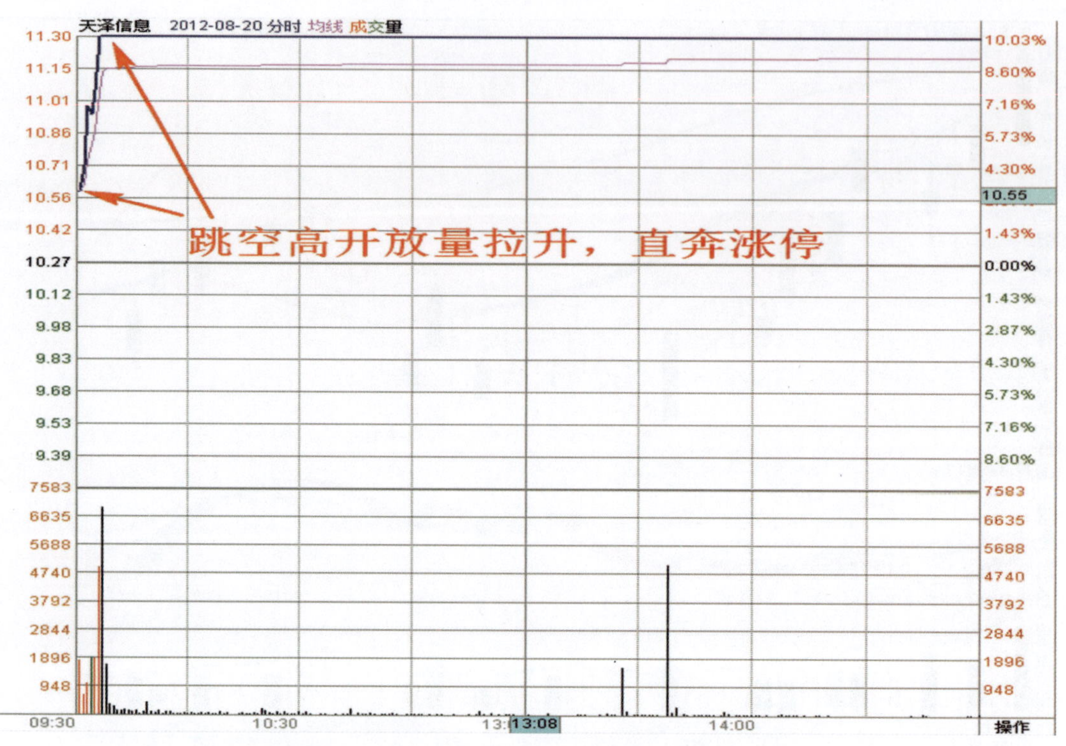

图谱 004 早盘第一时间段高开涨停盘口走势图谱

图谱 004 解说

（一）这是一样穿四线的高开涨停，温和的成交量并不是无力的表现，比较柔顺的走势也不是无能的表现，而是时机未到，不需要如此张扬而已。

（二）股价在集合竞价时间段以 381 手小幅度高开，开盘后一波拉升直至涨停，同时以巨量大单封住涨停位，随后出现的成交大部分属于小单，单量不大，从盘口来看，明显发现卖出单量稀少，说明抛压很小，主力志在必得，用巨量资金封住盘口，不给跟风盘任何机会。午后出现了几笔量能比较大的成交，除此之外，都属于温和成交。全天成交量比较温和，说明筹码锁定性良好，后市上涨的空间还很值得期待。

实盘训练的时候，职业操盘手的操盘决策如下：

（一）早盘集合竞价结束后，第一时间段满仓排队买进，捕杀可能到来的巨大收益。

（二）如果当天没有成交，下一个交易日继续买进，仓位控制在 70% 以内为佳。

课堂实训练习 2

结合实训图谱 003、004 的解说思路，尝试分析练习图 003、004 的盘口特征。

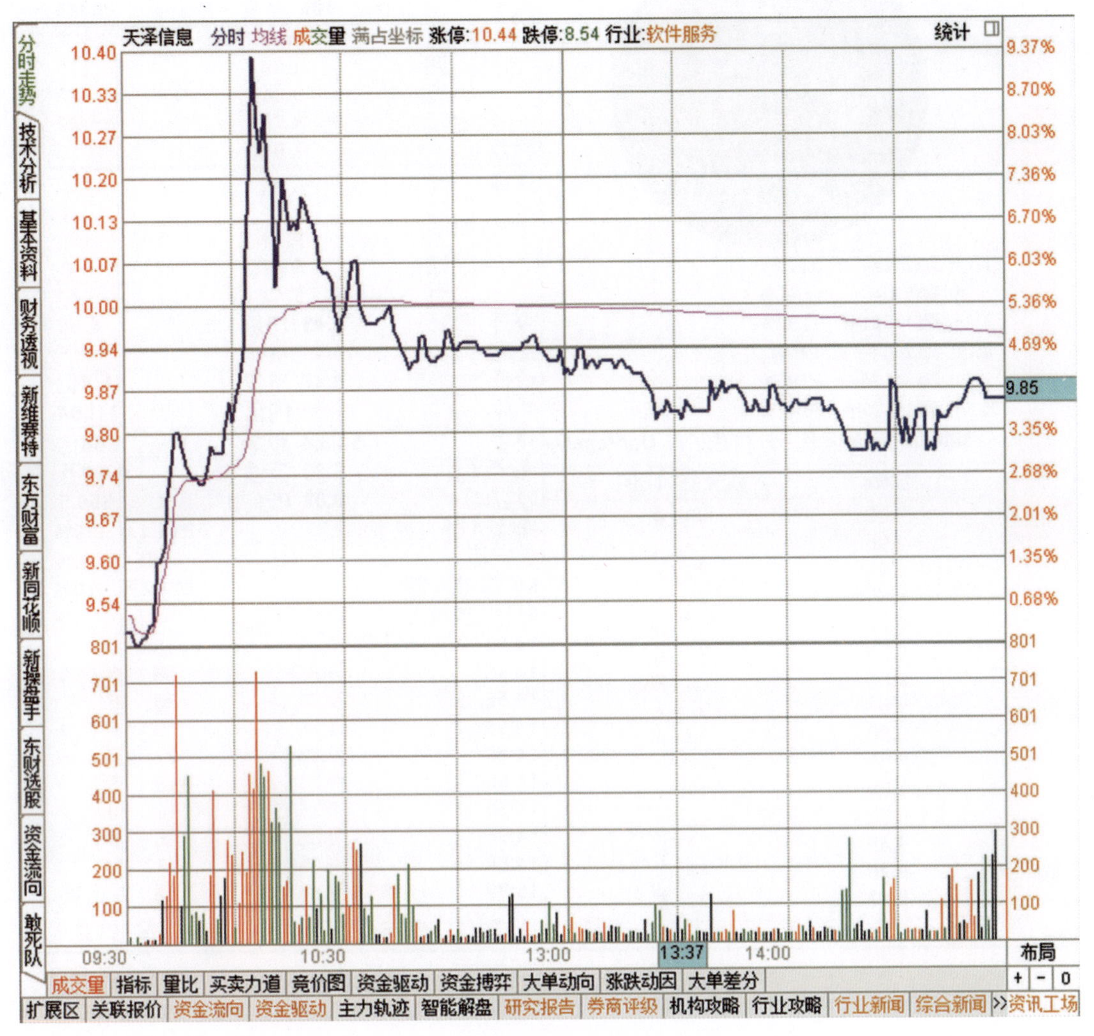

练习图 003

请各位参加实训的操盘手把实训练习题答案写在下边，存档备查：

______年______月______日 星期______ 实训操盘手：__________

（1）______________________________

（2）______________________________

（3）______________________________

（4）______________________________

上篇 盘口技术实训46讲

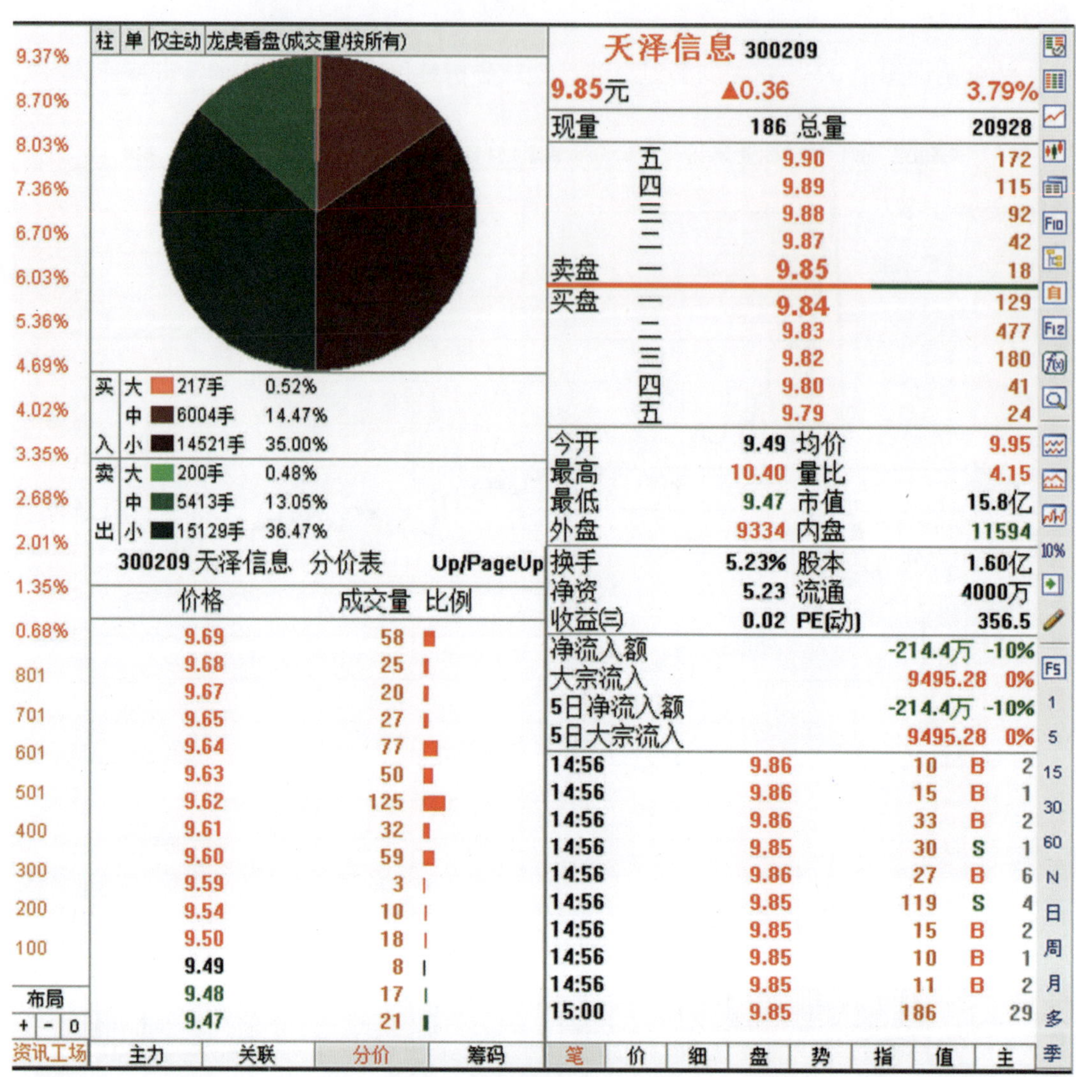

练习图 004

请各位参加实训的操盘手把实训练习题答案写在下边，存档备查：

________年____月____日　星期____　实训操盘手：________

(1) ________________________

(2) ________________________

(3) ________________________

(4) ________________________

盘口技术实训第 005 讲

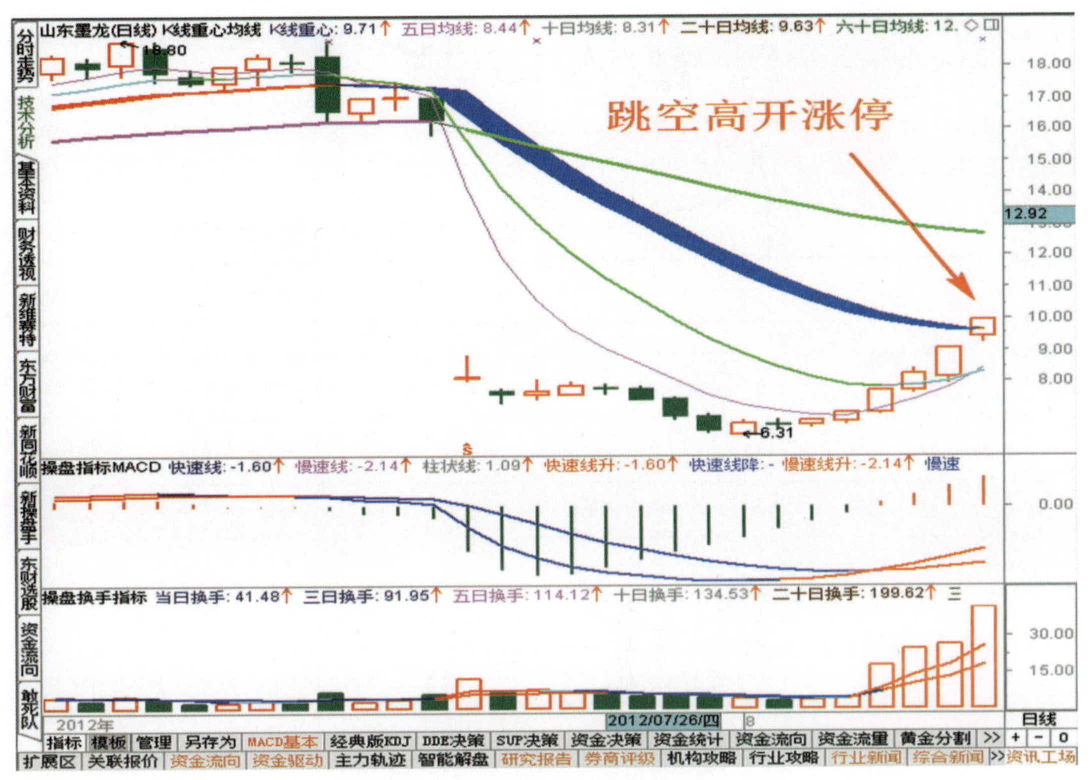

图谱 005　高开涨停日线走势图谱

图谱 005 解说

（一）从空间位置来说，这是除权股，当前股价已经处于空间位置的相对高位。如果看不出来，也可以先复权，即可看得清清楚楚。不要认为此时处于空间位置低位区域。

（二）从 K 线形态来说，最近一段时间，股价创下新低之后，止跌企稳，出现了渐大三连阳走势，随后又出现了一次涨停，累积起来已经是五连阳。

（三）从均线系统来说，短期均线系统呈现为非常明显的多头排列，上升的趋势已经十分明确，均线支撑十分有力，股价呈现出加速拉升的态势。

（四）从操盘指标来说，MACD 水下金叉时候，穿越水面，在零轴上已经连续翻红。

（五）从成交量能来说，从起初的均衡量变成了阶梯式放量，量能放大很明显。

日线走势图分析结论：多头已经积聚了充沛的量能，继续拉升已经不可避免。

盘口技术实训第 006 讲

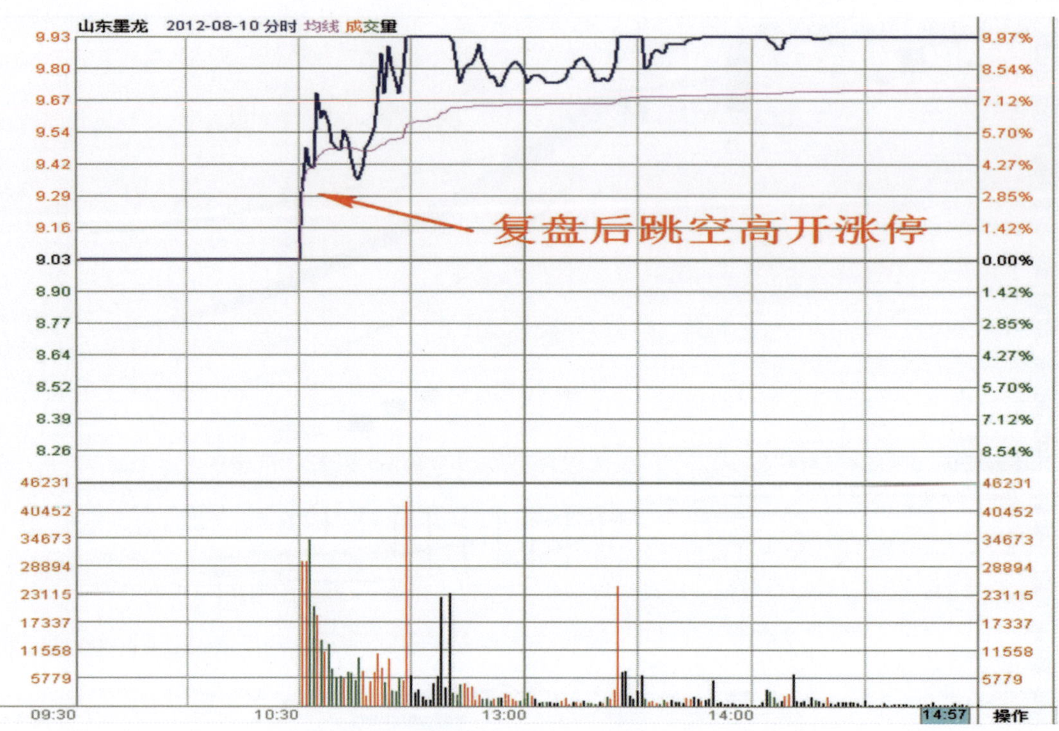

图谱 006 盘中第三时间段涨停盘口走势图谱

图谱 006 解说

（一）这是非常典型的复盘后高开震荡、涨停洗盘、大量成交的盘口走势，属于典型的拉升途中利用涨停板技术清洗浮筹，快速洗盘，以利于后期继续拉升。

（二）股价在第二时间段复盘时以小幅度开盘，出现成交大单向上冲击，随后卖出大单持续涌出，跌穿均价线，随后盘口明显发现抛盘缩小，随后一张大单快速对敲涨停，未几，封停单量快速消耗，涨停板被打开，说明高位抛压巨大，盘口出货特征明显。但是很快成交量极度萎缩，不久再次涨停，又再次被打开。随后再次涨停，还是被打开。但成交量却是越来越小。很明显，这样的走势说明主力在利用涨停板洗盘。

实盘训练的时候，职业操盘手的操盘决策如下：

（一）要敢于卖出。在盘中第一次封涨停的时候，要快速卖掉大部分筹码，锁定盈利。

（二）要敢于买入。在打开涨停板之后快速下挫的时候，要敢于选择低点及时回补。

课堂实训练习 3

结合实训图谱 005、006 的解说思路，尝试分析练习图 005、006 的盘口特征。

练习图 005

请各位参加实训的操盘手把实训练习题答案写在下边，存档备查：

__________年______月______日　星期______ 实训操盘手：__________

（1）______________________________

（2）______________________________

（3）______________________________

（4）______________________________

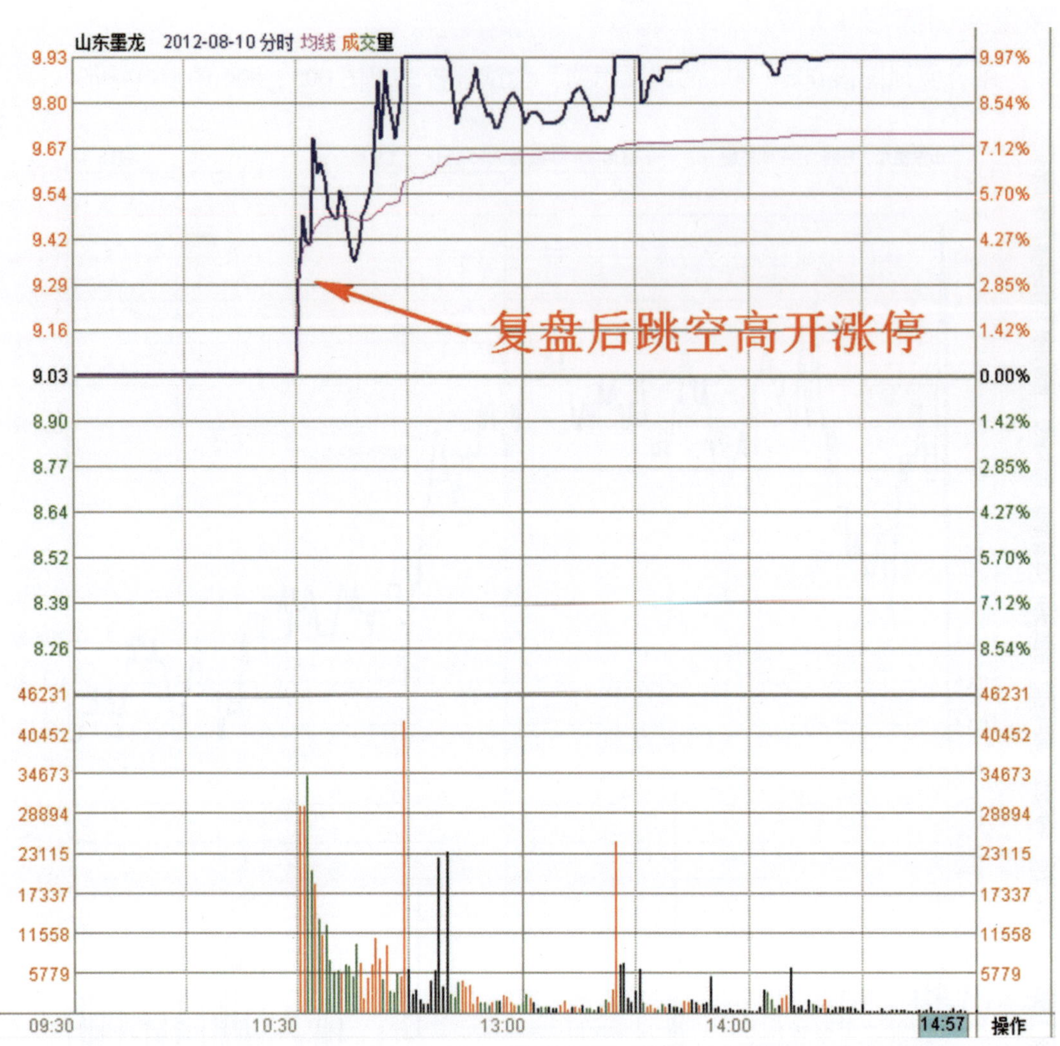

练习图 006

请各位参加实训的操盘手把实训练习题答案写在下边，存档备查：

________年______月______日　星期______ 实训操盘手：________

（1）________________________________

（2）________________________________

（3）________________________________

（4）________________________________

盘口技术实训第 007 讲

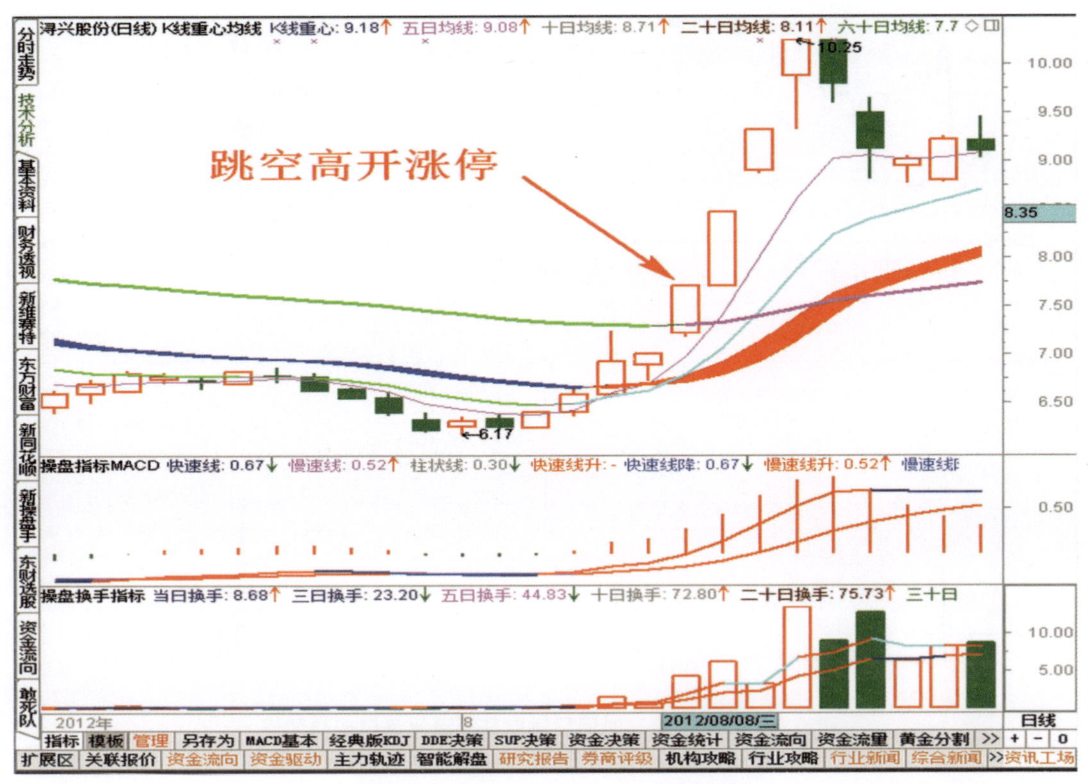

图谱 007 跳空高开涨停日线走势图谱

图谱 007 解说

（一）从空间位置来说，股价经过长时间的下跌之后，初步企稳，当前处于空间位置的低位区域，向上的空间巨大，向下的概率比较小，值博率很高。

（二）从 K 线形态来说，属于典型的攻击性底部红三兵走势，第三根阳线出现了上影线，而且还比较长，说明主力开始试盘，随后的小阳线则是则是暂时的整理。

（三）从均线系统来说，短期均线系统已经呈现为明显的多头排列，向上攻击的意图已经十分明显。向上即将面临中期均线 60 日均线的压制，想要向上突破，就必须放量穿越 60 日均线的压制。是否如愿穿越，就是当天的关键点所在。

（四）从操盘指标来说，MACD 水下金叉之后，向上穿越，零轴上连续翻红，红柱不断延伸，有加速的态势。加速上行的愿望比较强烈。

（五）从成交量能来说，量能急剧放大，才可能向上突破均线压制。

日线走势图分析结论：低位区域蓄势已经比较充分，向上突破已经不成问题。

盘口技术实训第 008 讲

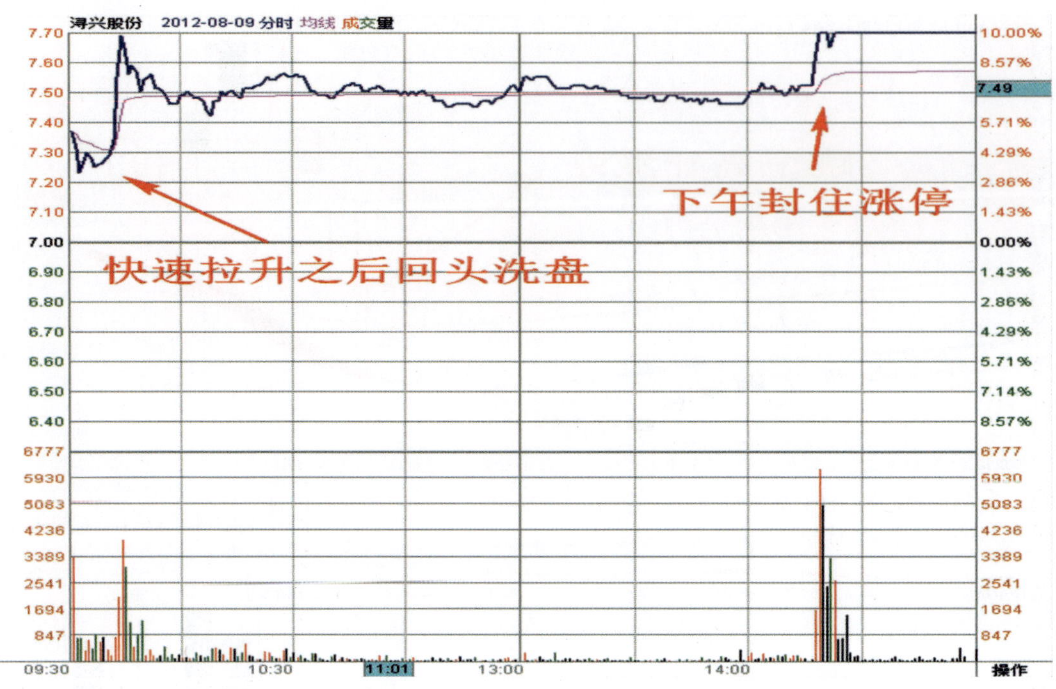

图谱 008 早盘第一时间段跳空高开涨停盘口走势图谱

图谱 008 解说

（一）股价在集合竞价时间段以 1167 手巨量强势高开，说明当天向上攻击的意图已经十分明显，如果没有意外，当天封住涨停的可能性很大。开盘后第一时间段股价快速下挫，短线抛单很明显，盘口成交出现两笔巨量大单之后，卖出单量减弱，随后盘口明显发现引导式买盘造量快速增加，说明主力当日做盘决心虽大，但是并不打算自己花太多的资金，而是给跟风盘抢入机会，诱导他们哄抢。

（二）随后量能快速放大特征明显，一笔 3093 手的大单对敲拉至涨停板。在关键技术点位出现这种走势，当日开板洗盘的概率在 90% 以上，这是主力洗盘的经典操盘手法。

实盘训练的时候，职业操盘手的操盘决策如下：

（一）要敢于卖出。在盘中第一次封涨停的时候，要快速卖掉大部分筹码，锁定盈利。

（二）要敢于买入。在打开涨停板之后围绕均价线震荡的时候，要敢于选择低点及时回补。但是，此时需要有足够的耐心等待低点出现，不要心急火燎去追高买入。

课堂实训练习 4

结合实训图谱 007、008 的解说思路，尝试分析练习图 007、008 的盘口特征。

练习图 007

请各位参加实训的操盘手把实训练习题答案写在下边，存档备查：

__________年______月______日　星期______ 实训操盘手：__________

（1）________________________________

（2）________________________________

（3）________________________________

（4）________________________________

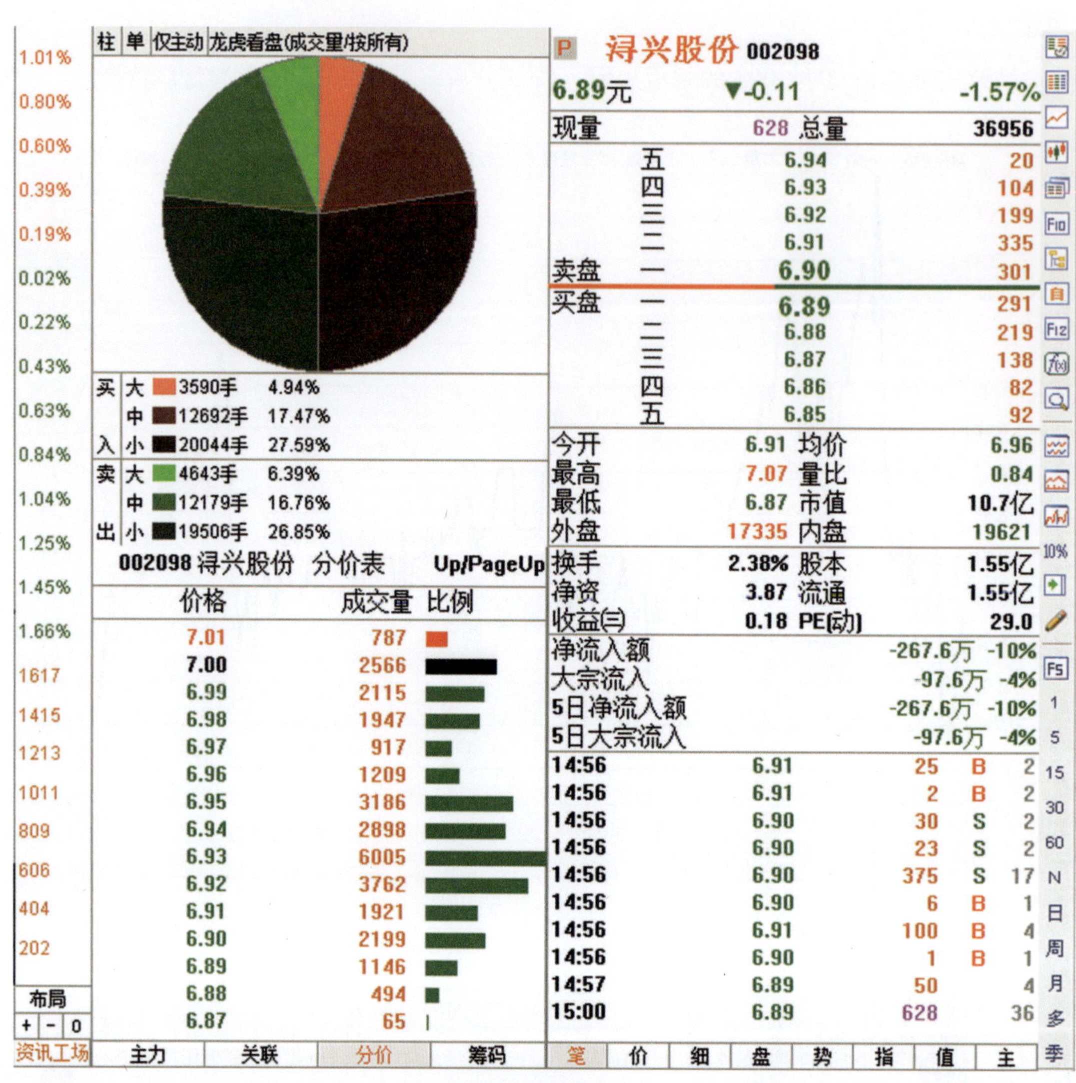

练习图 008

请各位参加实训的操盘手把实训练习题答案写在下边，存档备查：

________年______月______日 星期______ 实训操盘手：________

（1）______________________________

（2）______________________________

（3）______________________________

（4）______________________________

盘口技术实训第 009 讲

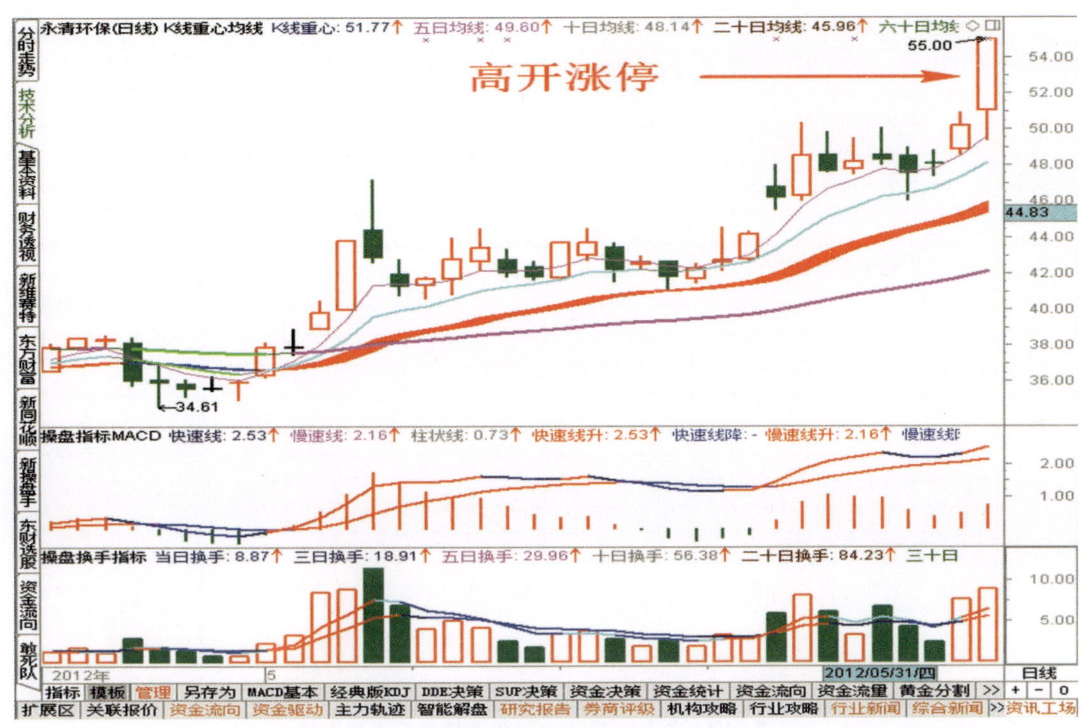

图谱 009　高开突破整理平台涨停日线图谱

图谱 009 解说

（一）从空间位置来说，当前股价已经处于空间位置的相对高位，股价短期内的上升幅度已经比较大，积聚了不少获利盘，因此，需要谨慎对待，随时注意风险的出现。

（二）从 K 线形态来说，当天放量大阳线出现之前，处于一个高位整理平台，小阴线、小阳线、十字星交替出现，多空双方处于胶着状态，短期走向比较暧昧。

（三）从均线系统来说，中短期均线系统都呈现为多头排列趋势，上升的趋势比较明确，但是当前股价的位置偏离 60 日均线比较远，乖离值偏大，有向下调整的潜在风险。

（四）从操盘指标来说，NACD 指标高位运行，呈现出空中加油的态势。但是，一旦出现加油站库存不足，则会出现拐头向下的风险，需要特别警惕背离的走势出现。

（五）从成交量能来说，量能释放还是比较温和，说明筹码锁定性良好，还没有出现大量甩货的盘口特征，只要大盘走势比较健康，股价再创新高并不是一件难事。

日线走势图分析结论：谨慎持股，静待股价再创新高。短期内看高一线。

盘口技术实训第 010 讲

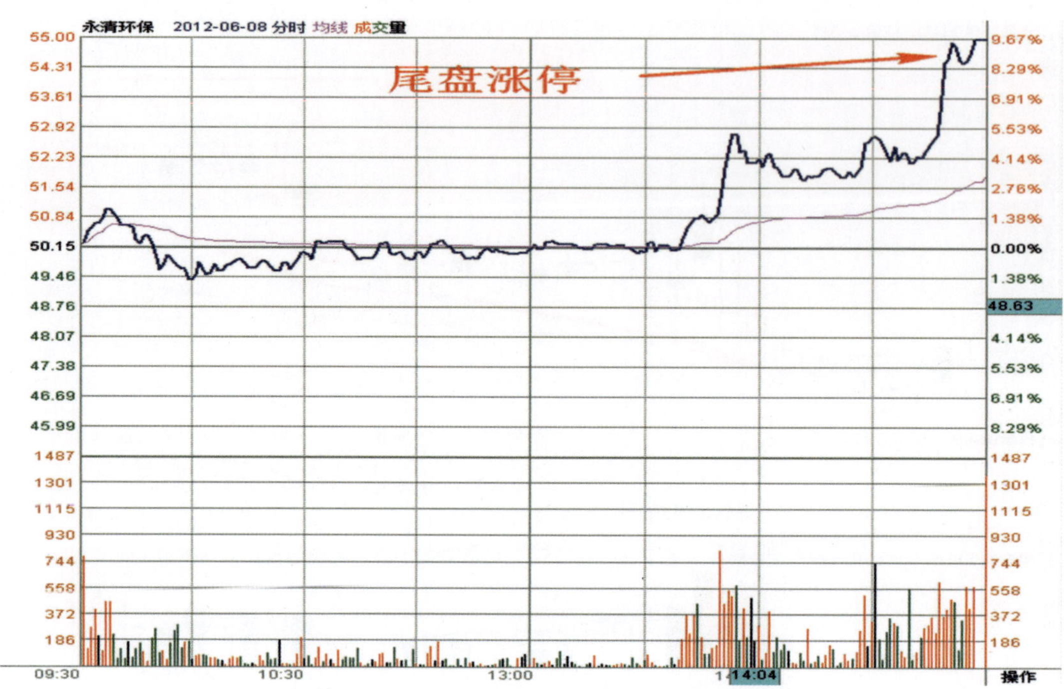

图谱 010　午盘放量攻击尾盘涨停盘口走势图谱

图谱 010 解说

（一）集合竞价时间段小幅度高开，成交量略微放大，显示出攻击的意愿尚在。早盘第一时间段先是小幅度上冲，随后掉头下行，成交量有所放大。第二时间段、第三时间段和第四时间段的大部分时间，股价围绕均价线反复震荡，但是振幅很小，成交量也很稀少，呈现为无人主持的松散型盘口技术特征。

（二）从第四时间段的后半段开始，主力发起了猛烈的攻击，午盘之后量峰非常密集，对倒拉升的迹象非常明显，尤其是尾盘阶段，更是价升量增，非常抢眼。尾盘阶段，股价猛烈蹿升，最后以涨停的形式收盘。

实盘训练的时候，职业操盘手的操盘决策如下：

（一）要敢于卖出。在尾盘第一次封涨停的时候，要快速卖掉大部分筹码，锁定盈利。

（二）要不急于买入。在打开涨停板之后，股价下行的幅度不大，要敢于持币，静待低点出现时才考虑回补。此时下跌不多，不要心急火燎去再次买进，可以等下一个交易日出现大幅度下跌的时候，再选择合适的时机进行回补，或者换股操作。

课堂实训练习 5

结合实训图谱 009、010 的解说思路，尝试分析练习图 009、010 的盘口特征。

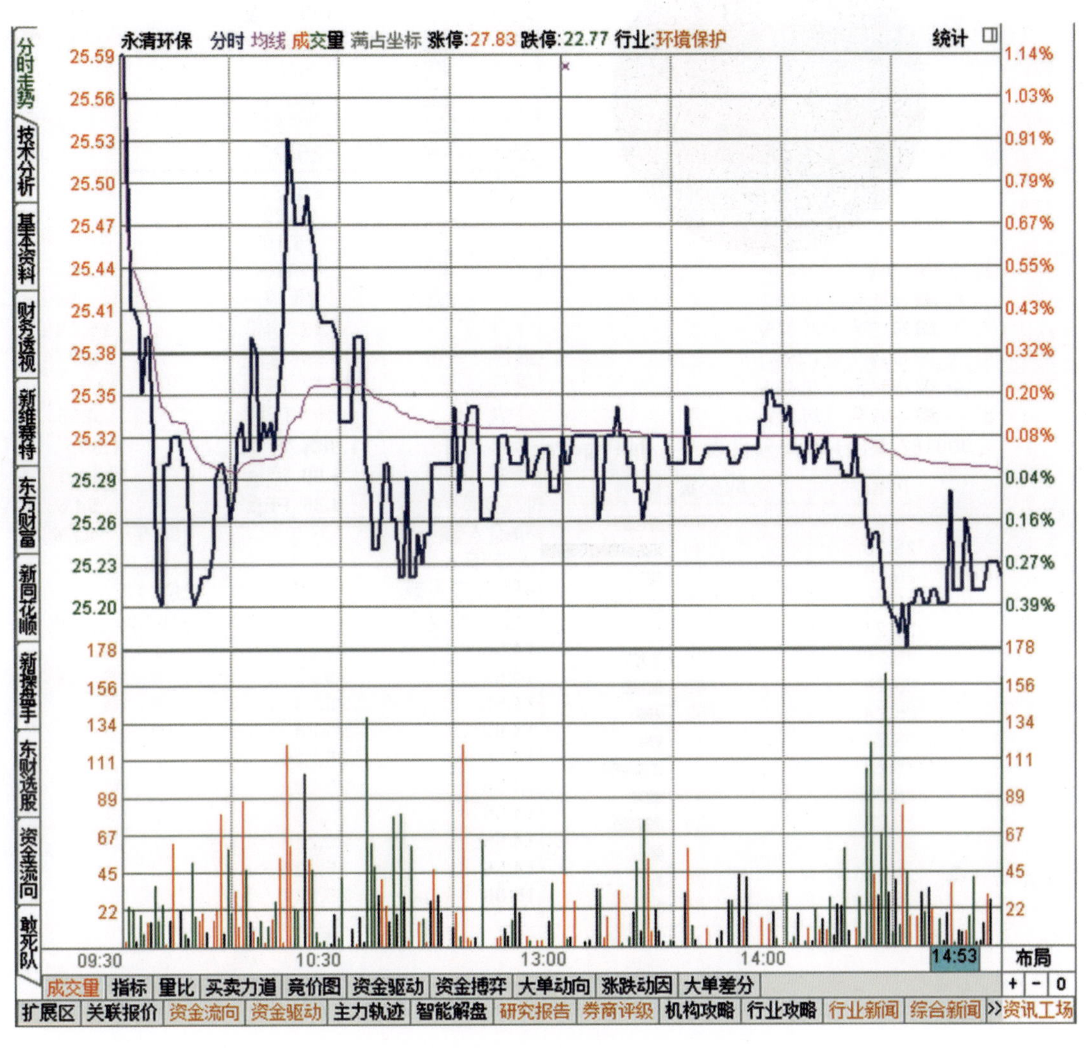

练习图 009

请各位参加实训的操盘手把实训练习题答案写在下边，存档备查：

__________年______月______日　星期______ 实训操盘手：__________

（1）____

（2）____

（3）____

（4）____

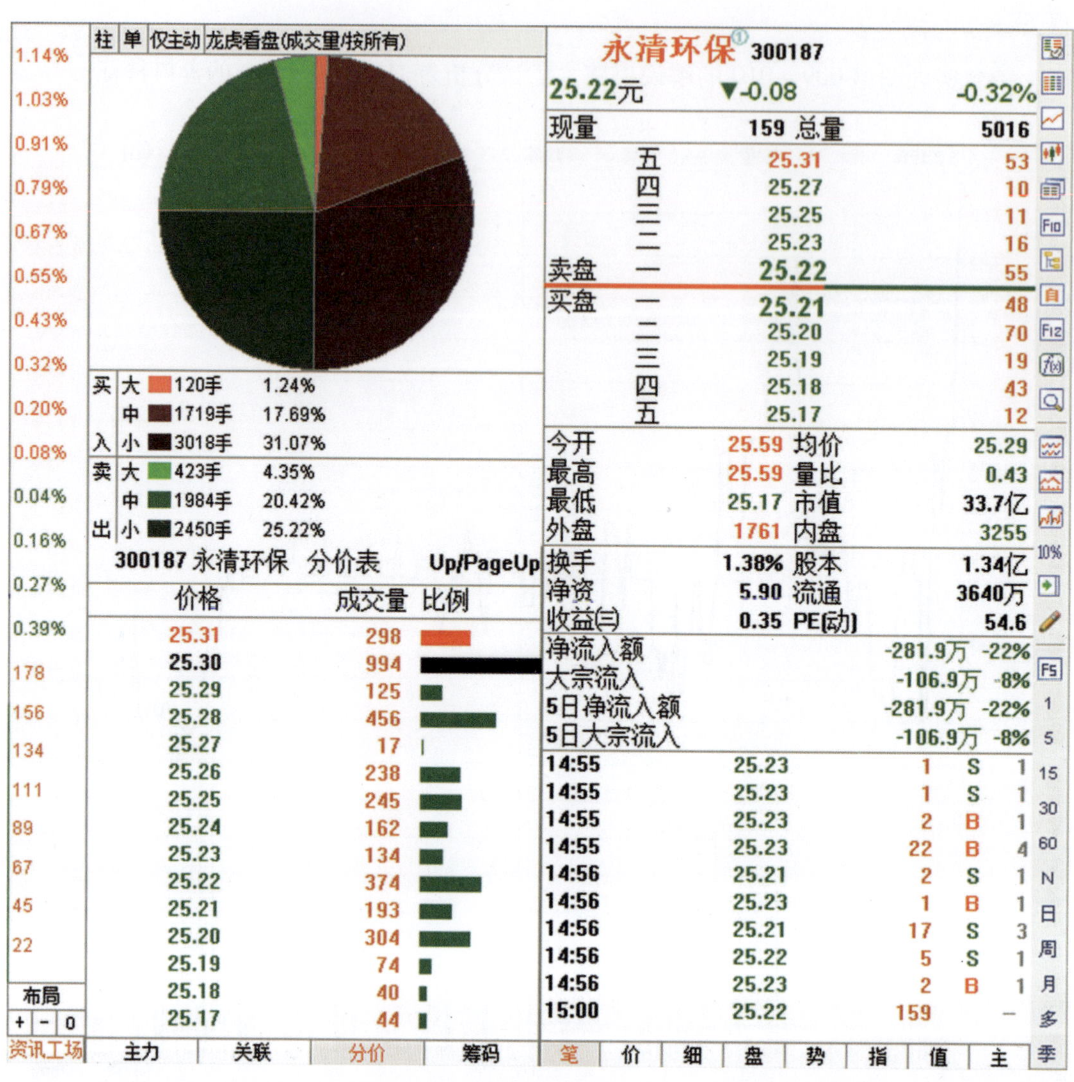

练习图 010

请各位参加实训的操盘手把实训练习题答案写在下边，存档备查：

__________年______月______日　星期______　实训操盘手：__________

（1）____

（2）____

（3）____

（4）____

盘口技术实训第 011 讲

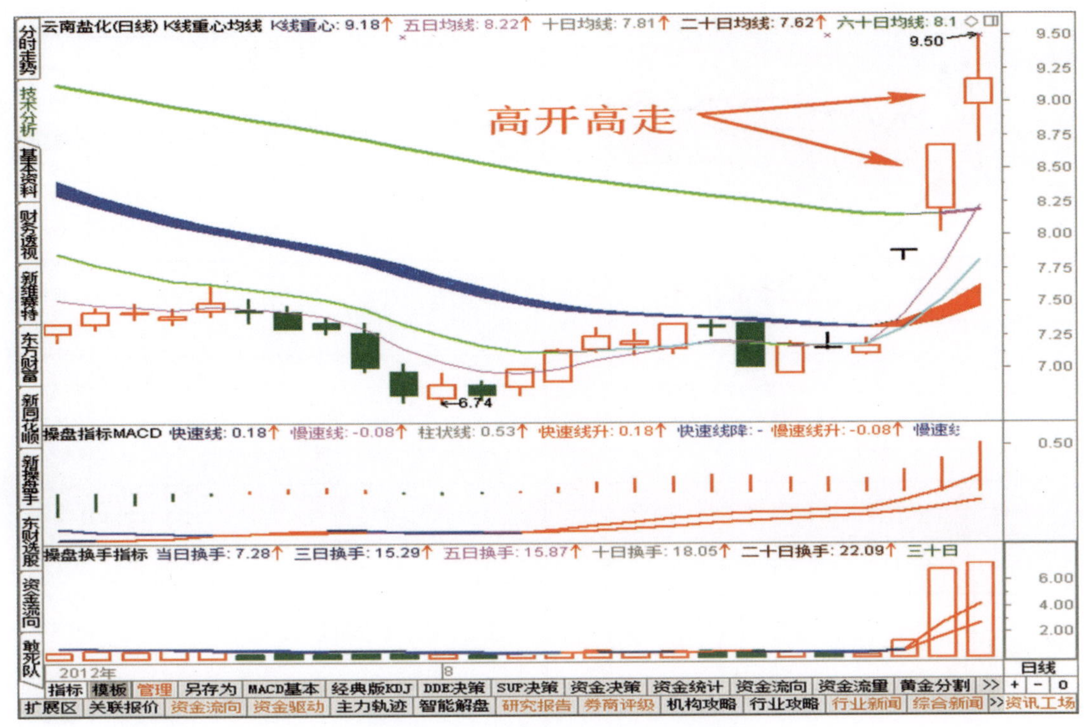

图谱 011 高开高走日线线走势图谱

图谱 011 解说

（一）从空间位置来说，当前股价处于空间位置的相对低位，经过前一个交易日的一字板涨停之后，再度出现高开的走势，已经沉积了部分短线获利筹码，有一定的抛压。

（二）从 K 线形态来说，出现高开高走之前是一根下影线很短的一字线，很短的下影线可以忽略不计。这是非常典型的攻击形态，后市继续拉升的概率比较大。

（三）从均线系统来说，短期均线系统 5 日均线、10 日均线和 20 日均线已经在低位粘合，呈现为向上发散的态势，即将展示为多头排列趋势。中期均线 60 日均线还处于向下运行的态势，预示着大波段行情尚未开始，股价反弹之后，还需要继续向下调整。

（四）从操盘指标来说，MACD 在零轴上运行，红柱有加速延伸的态势。

（五）从成交量能来说，当天股价高开高走，成交量同步放大，量价关系健康。

日线走势图分析结论：后市继续看涨，盘中选择低点买进。

盘口技术实训第 012 讲

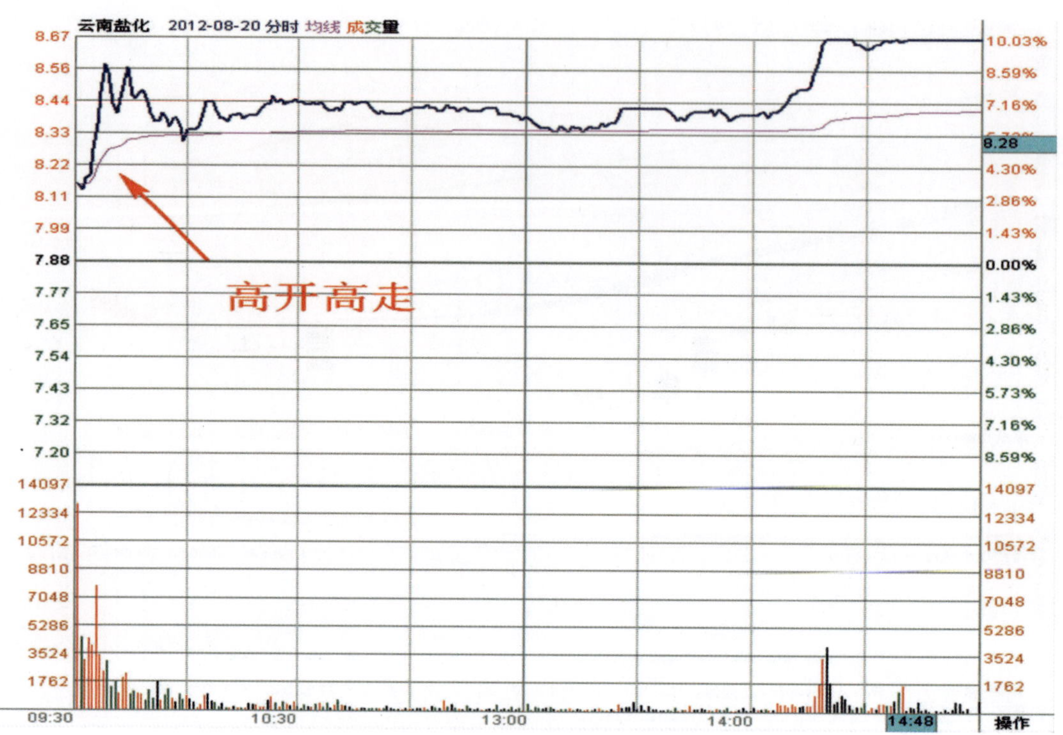

图谱 012　早盘第一时间段高开高走盘口走势图谱

图谱 012 解说

（一）集合竞价时间段股价以 4715 手巨量高开，预示着当天将攻击性拉升。早盘第一时间段股价以巨量成交，成交量达到 4288 手，说明短线抛单很大，但股价并没有大幅度下跌，随后也仅仅是轻微下挫，说明承接非常有力。接下来股价放量拉升，均价线陡峭向上，呈现出明显的攻击势，这种开盘定式出现时，股价在当日涨停的概率在 80% 以上，而且当日收光头大阳线的概率在 90% 以上。

（二）早盘第一时间段快速拉升之后，出现回头波洗盘的走势，随后在均价线上反复震荡，彻底清洗前一交易日短线获利浮筹。这种盘中洗盘的走势正好说明随后股价还将拉升，而且尾盘涨停的可能性极大。

实盘训练的时候，职业操盘手的操盘决策如下：

（一）在早盘第一时间段出现短暂下挫的时候，即时加码买进。在早盘第一时间段快速拉升却未能冲击涨停板的时候，卖出部分筹码。

（三）在盘中围绕均价线反复震荡的时候，寻找低点买进，滚动操作。

课堂实训练习 6

结合实训图谱 011、012 的解说思路，尝试分析练习图 011、012 的盘口特征。

练习图 011

请各位参加实训的操盘手把实训练习题答案写在下边，存档备查：

____________年______月______日　星期______　实训操盘手：__________

（1）____

（2）____

（3）____

（4）____

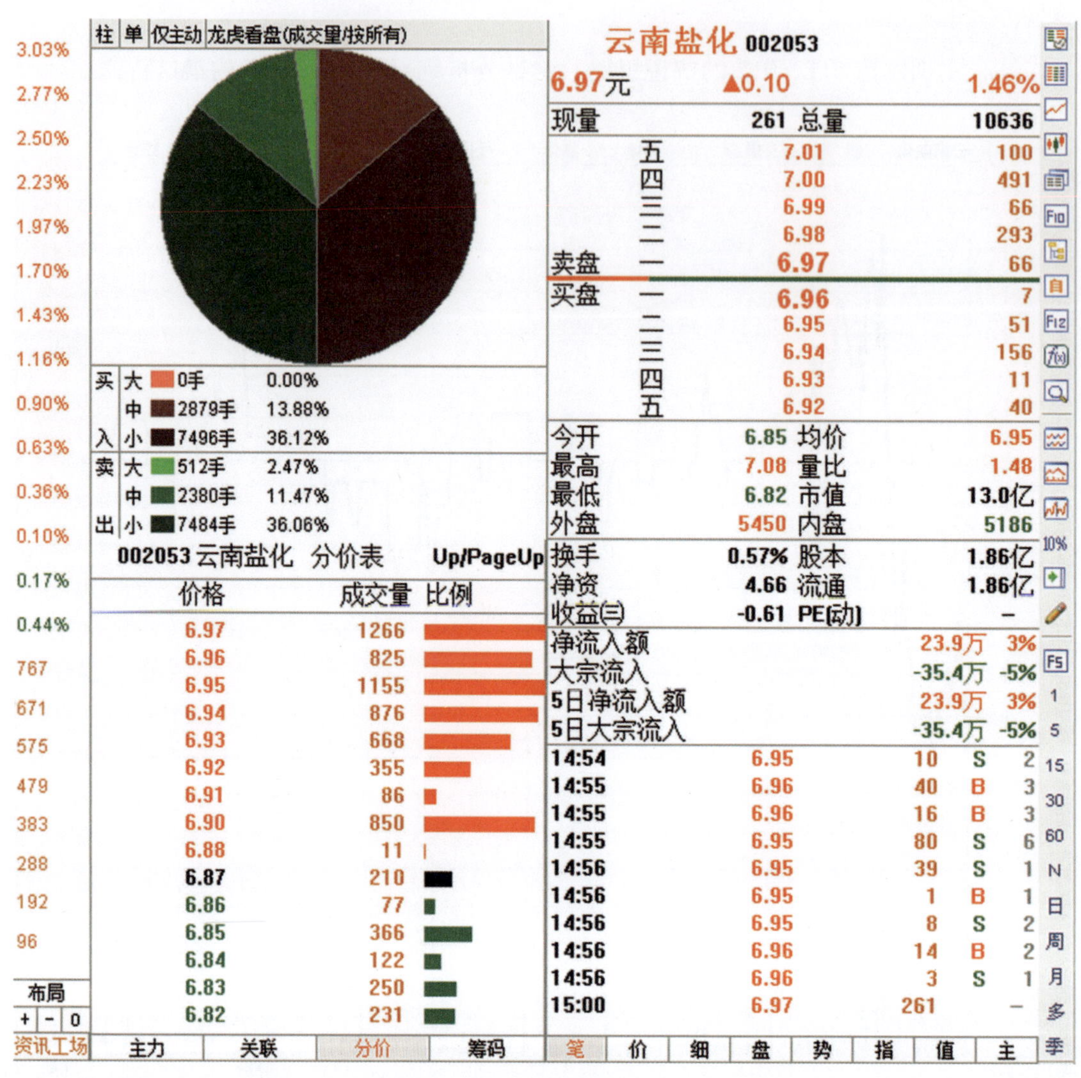

练习图 012

请各位参加实训的操盘手把实训练习题答案写在下边，存档备查：

______年____月____日　星期____　实训操盘手：______

（1）____________________

（2）____________________

（3）____________________

（4）____________________

盘口技术实训第013讲

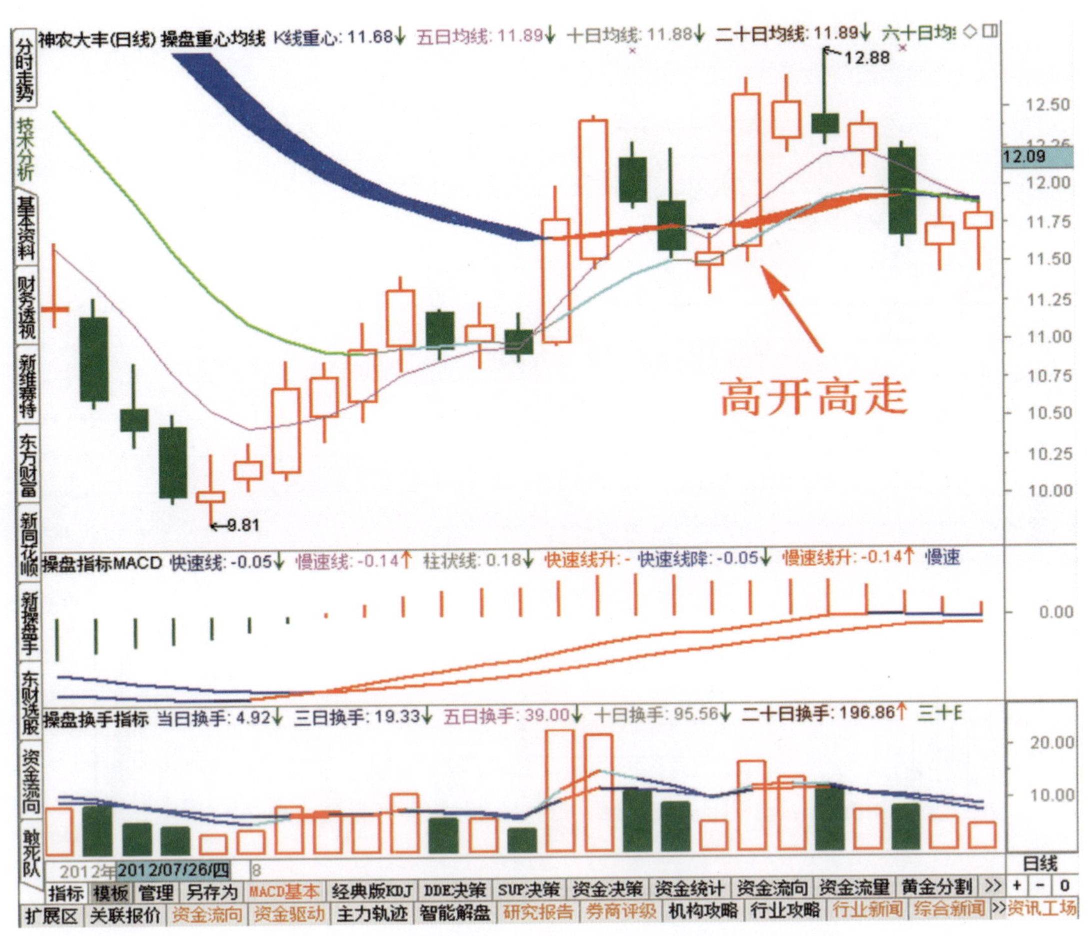

图谱013 在关键技术点位出现高开高走日线走势图谱

图谱013解说

（一）从空间位置来说，这是除权股，当前股价的位置已经处于空间位置的相对高位，此时出现高开高走的走势，虽然强势特征明显，但是风险却是比较大的。

（二）从K线形态来说，属于明显的看涨形态，当天强势拉升的概率比较大。观察近期的K线组合形态，可以发现主力在玩N字操盘手法。因此，盘中不宜追高买入。

（三）从均线系统来说，短期均线系统处于多头排列趋势，支持股价进一步上涨。

（四）从操盘指标来说，MACD指标红柱有萎缩的迹象，说明主力在暗中出货。

（五）从成交量能来说，量能比较温和，筹码还没有出现大规模松动的迹象。

日线走势图分析结论：当前股价的走势比较微妙，可以适度看涨，盘中低吸。

盘口技术实训第 014 讲

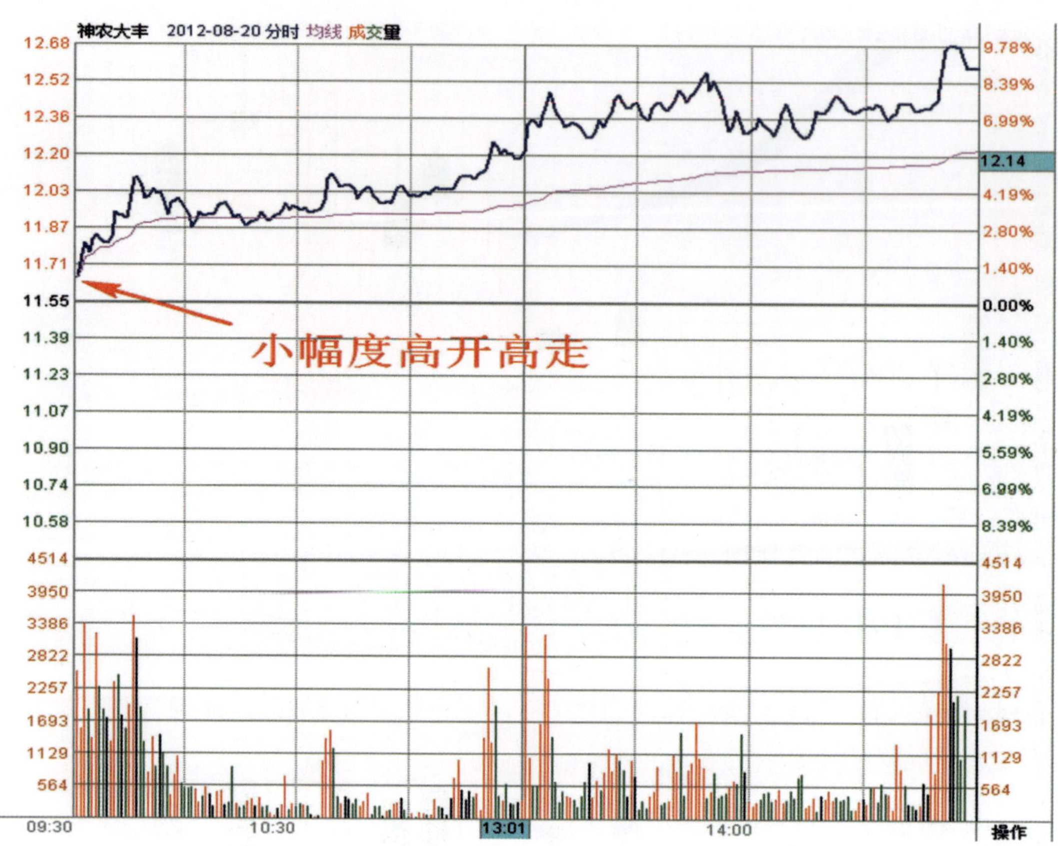

图谱 014　早盘第一时间段放量走高走势图谱

图谱 014 解说

（一）集合竞价时间段股价以 813 手小幅度高开，属于比较正常的开盘方式。早盘第一时间段采用对敲的方式向上冲击，同时向下抛出不少筹码，滚动套利的特征明显。这是比较常用的一边拉升一边卖货，属于实力不强的主力常用的操盘手法。

（二）早盘阶段后半段的走势出现了放量回头波，属于比较典型的获利盘回吐。当天的均价线构成了比较强有力的支撑，午盘震荡拉升，强势特征明显。

实盘训练的时候，职业操盘手的操盘决策如下：

（一）早盘阶段可以积极介入。当时的股价正好处于关键技术点位的位置上，因此可以在集合竞价的时候买进第一仓，开盘后不出现下跌时再次加码买进。

（二）采取滚动操作的策略应对，在早盘和午盘出现冲高的时候，迅速卖出当天买进的新仓位，静待回落到低点的时候，再考虑寻找低点买进。

课堂实训练习 7

结合实训图谱 013、014 的解说思路，尝试分析练习图 013、014 的盘口特征。

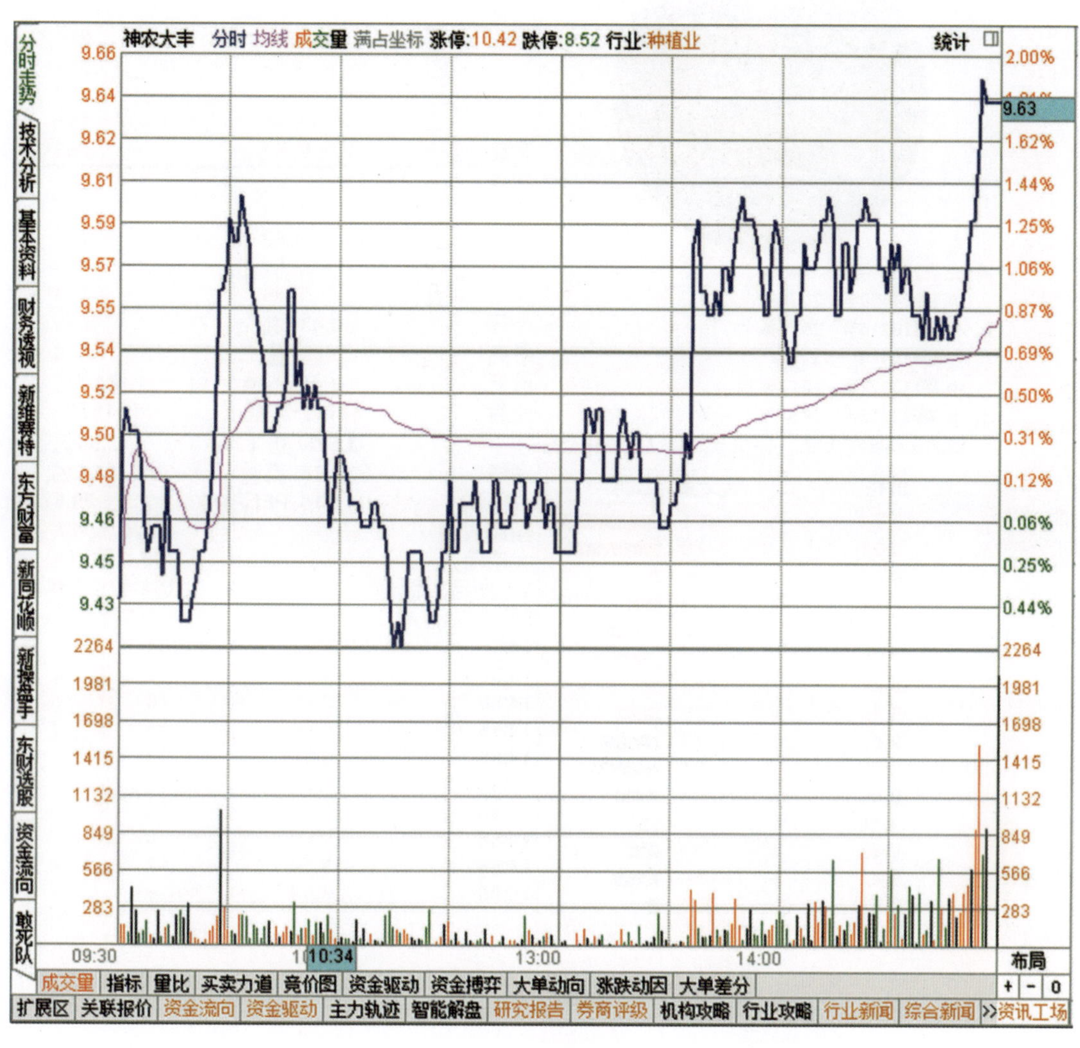

练习图 013

请各位参加实训的操盘手把实训练习题答案写在下边，存档备查：

______年______月______日　星期______　实训操盘手：______

（1）______

（2）______

（3）______

（4）______

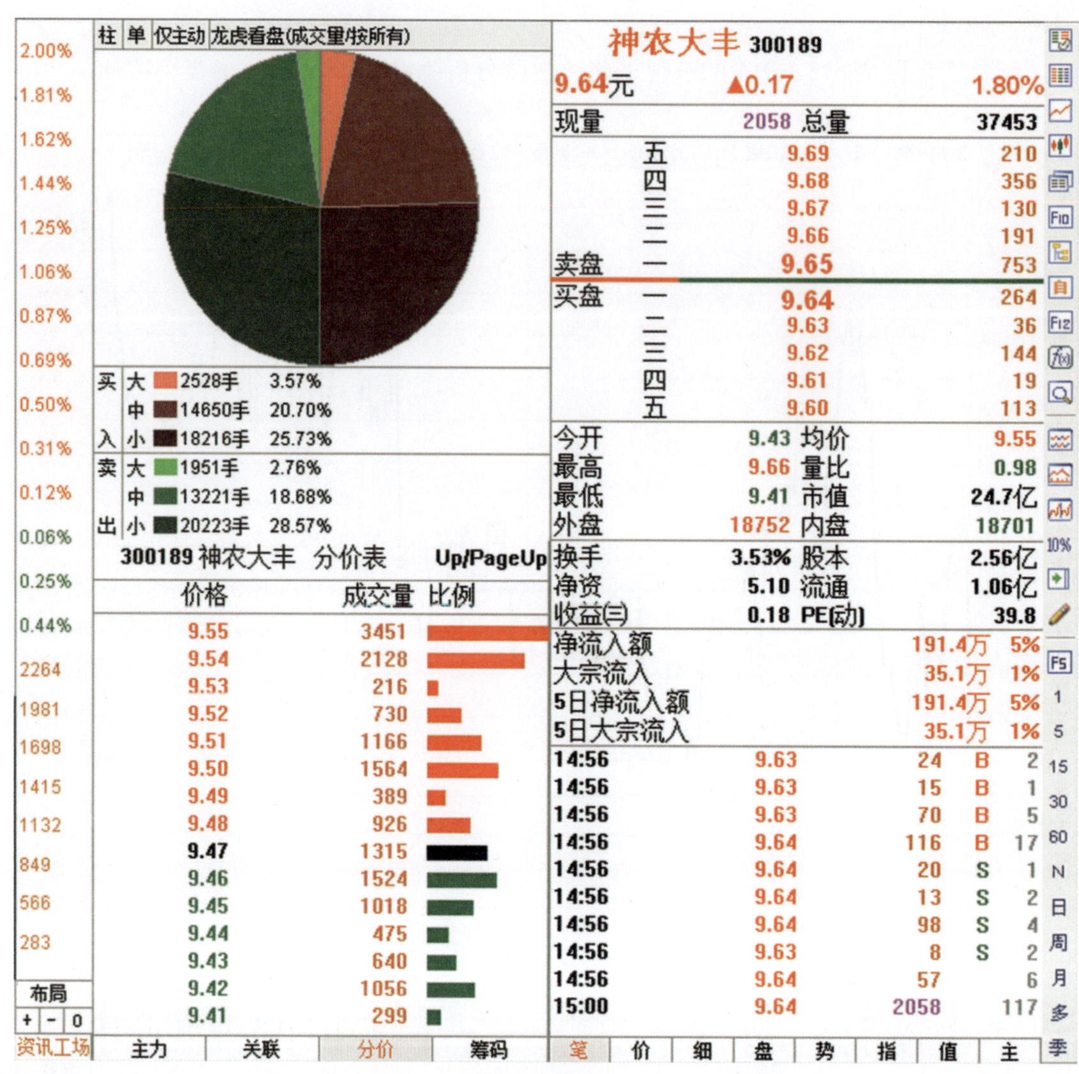

练习图 014

请各位参加实训的操盘手把实训练习题答案写在下边，存档备查：

______年______月______日 星期______ 实训操盘手：______

（1）______

（2）______

（3）______

（4）______

盘口技术实训第 015 讲

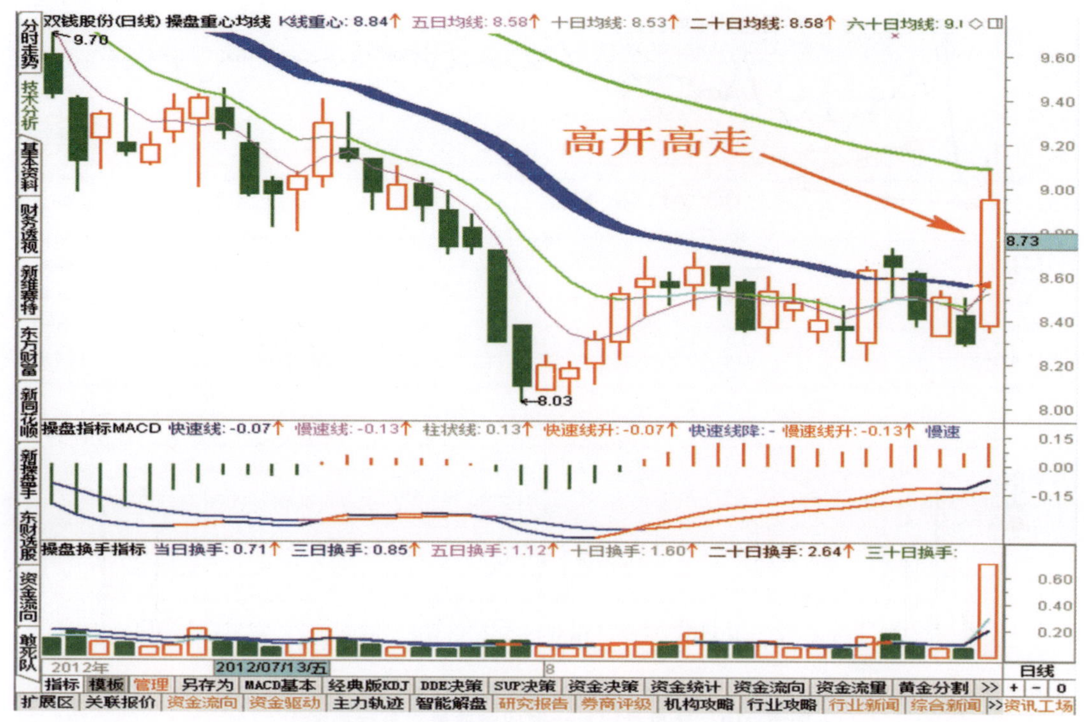

图谱 015　在时间之窗高开高走日线走势图谱

图谱 015 解说

（一）从空间位置来说，股价经过长时间的缓慢下跌之后，进入缓慢的盘底阶段，当前处于空间位置的低位，构筑阶段性底部的概率比较大。

（二）从 K 线形态来说，这是一根不同寻常的大阳线，将前边整理期间出现的下行四线全部吃掉，显示出主力做多的决心非常巨大。而且从时间之窗来说，恰好落在变盘点上，从这走势来看，说明操盘主力非常精通操盘技术。

（三）从均线系统来说，短期均线系统 5 日线、10 日线和 20 日线出现了低位粘合，呈现出向上发散的态势，说明均线内部结构已经调整到位，后市看涨。

（四）从操盘指标来说，MACD 零轴上红柱继续延伸，而 KDJ 指标则面临金叉。

（五）从成交量能来说，经过前期的地量整理之后，今日突发性放量攻击，接下来继续放量拉升、突破 60 日均线压制的概率很大。后市需要继续放量才能进一步冲击高点。

日线走势图分析结论：有进一步拉升的动能，观察主力如何穿越 60 日均线压制。

盘口技术实训第 016 讲

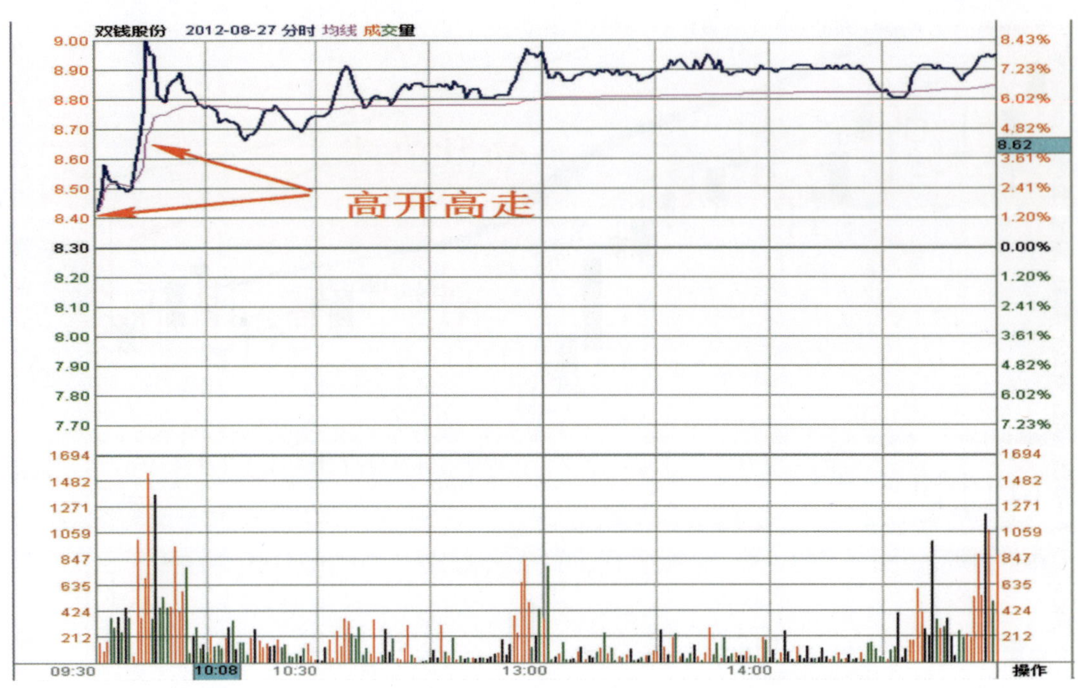

图谱 016 早盘盘口第一时间段放量冲高走势图谱

图谱 016 解说

（一）集合竞价时间段，股价以 9 手极其微小的量能小幅度高开，说明这是散户行情，或者主力无意在集合竞价时间段显山露水。早盘第一时间段的走势很出人意料，虽然开盘很孱弱，但是开盘之后的走势却是异常强劲，在经历了一小波试探性拉升之后，9 点 42 分出现快速放量拉升，直接冲到涨停板附近后出现快速回落，同时成交量急剧放大。显示出获利盘回吐明显。盘中出现围绕均价线反复震荡走势，从盘口走势来看，属于震荡建仓行为。

（二）尾盘阶段再次放量，却没有能够突破早盘的高点。很显然这是一次示弱行为。

实盘训练的时候，职业操盘手的操盘决策如下：

（一）该股当日有能力涨停却没有涨停，说明主力无心涨停，次日继续震荡上涨的可能性达 80% 以上，如果早盘股价回调到今日均价线以下，则短线必须及时抢进。

（二）该股当天尾盘不能穿越早盘的高点，说明主力刻意示弱，次日持续震荡上涨的可能性非常大，因此临盘实战时可以在次日早盘股价震荡下挫时短线逢低抢进。

课堂实训练习 8

结合实训图谱 015、016 的解说思路，尝试分析练习图 015、016 的盘口特征。

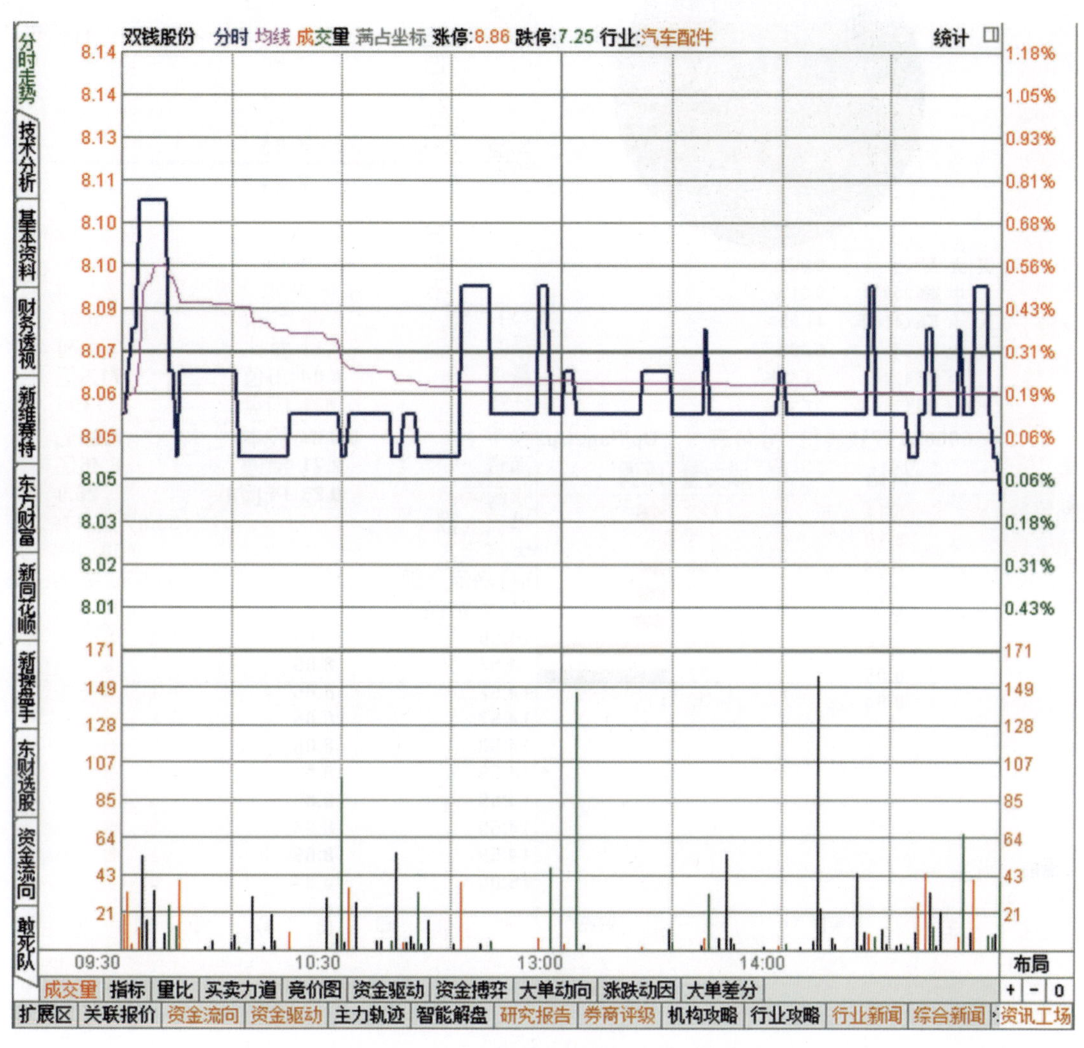

练习图 015

请各位参加实训的操盘手把实训练习题答案写在下边，存档备查：

______年______月______日 星期______ 实训操盘手：______

（1）______

（2）______

（3）______

（4）______

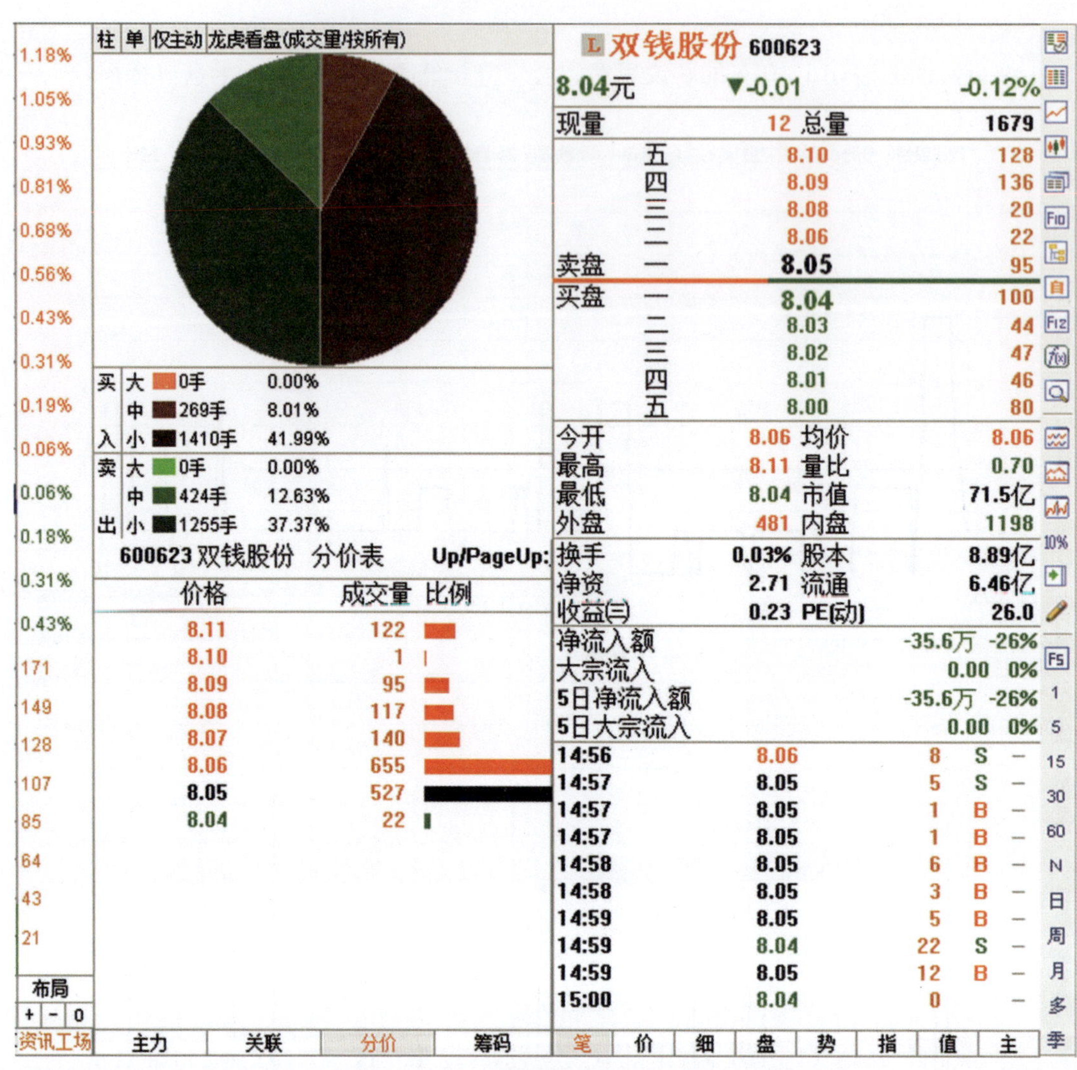

练习图 016

请各位参加实训的操盘手把实训练习题答案写在下边，存档备查：

______年______月______日　星期______　实训操盘手：__________

(1) ______________________________

(2) ______________________________

(3) ______________________________

(4) ______________________________

盘口技术实训第 017 讲

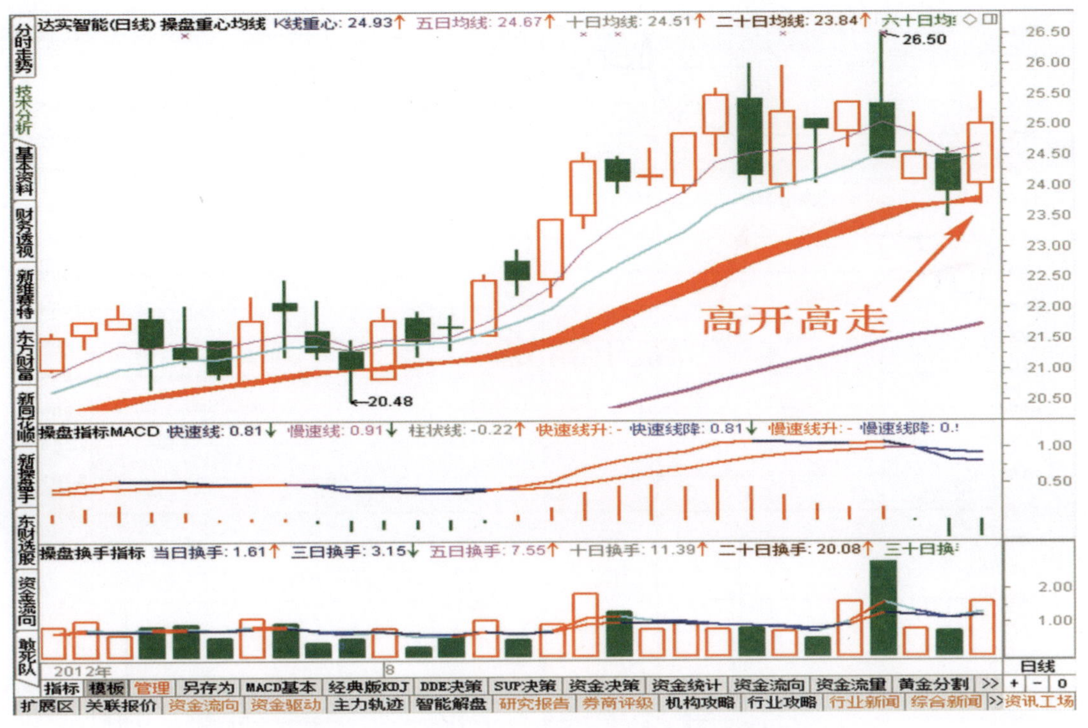

图谱 017　关键技术点位高开高走日线走势图谱

图谱 017 解说

（一）从空间位置来说，当前股价的位置已经处于相对高位，阶段性盘头的迹象已经显示出来，股价上升的幅度已经很大，积累了很多获利盘，需要谨慎对待。

（二）从 K 线形态来说，属于关键技术点位的异形多方炮，有短线调整到位、继续上攻的迹象，但是，当天的 K 线出现了比较长的上影线，说明抛压比较大。

（三）从均线系统来说，短期均线 5 日均线、10 日均线呈现为向下死叉的态势，短期均线 20 日均线和中期均线 60 日均线呈现为明显的上升趋势，当前股价与 60 日均线的偏离值比较大，股价有下行的风险，需要谨慎对待。

（四）从操盘指标来说，MACD 指标的走向比较暧昧，可上可下。而 KDJ 处于即将金叉的态势。股价处于关键技术点位关口处，走势微妙。

（五）从成交量能来说，成交量一直比较温和，筹码锁定性良好，还没有表现出大规模出货的迹象。很显然主力的控盘能力很高。

日线走势图分析结论：继续持股，静待新高。如果不能有效突破近期的高点，则减仓。

盘口技术实训第 018 讲

图谱 018　关键技术点位小幅度高开盘口走势图谱

图谱 018 解说

（一）集合竞价时间段小幅度高开，开盘量是 31 手，很显然主力并没有大规模参与。这样的开盘方式很有迷惑性，我们很难从集合竞价图判断主力的操盘意图。

（二）早盘第一时间段的走势很弱，先下后上，走势虽然很弱，但也显示出盘口很轻，走势轻灵，很轻松就上穿了均价线，之后在均价线上稳步运行。

（三）第二时间段的后半段出现了明显的放量对敲拉升，股价缓慢推高之后徐徐回落，出现缓慢的回头走势，获利回吐开始，尾盘阶段更是积极抛售。

实盘训练的时候，职业操盘手的操盘决策如下：

（一）首先是给当前的走势定性分析，当前股价的位置已经很高，不具备大规模进场的基础条件，只能是小仓位捕杀短差，因此当天可以在关键技术点位附近适当买进。

（二）因为距离近期的高点很近，上升的空间比较小，所以只能快进快出，当天买进，下一个交易日寻找高点获利出局，换股操作。风险聚集比较多的位置，不宜久留。

课堂实训练习 9

结合实训图谱 017、018 的解说思路，尝试分析练习图 017、018 的盘口特征。

练习图 017

请各位参加实训的操盘手把实训练习题答案写在下边，存档备查：

________年______ 月______ 日 星期______ 实训操盘手：__________

（1）______________________________

（2）______________________________

（3）______________________________

（4）______________________________

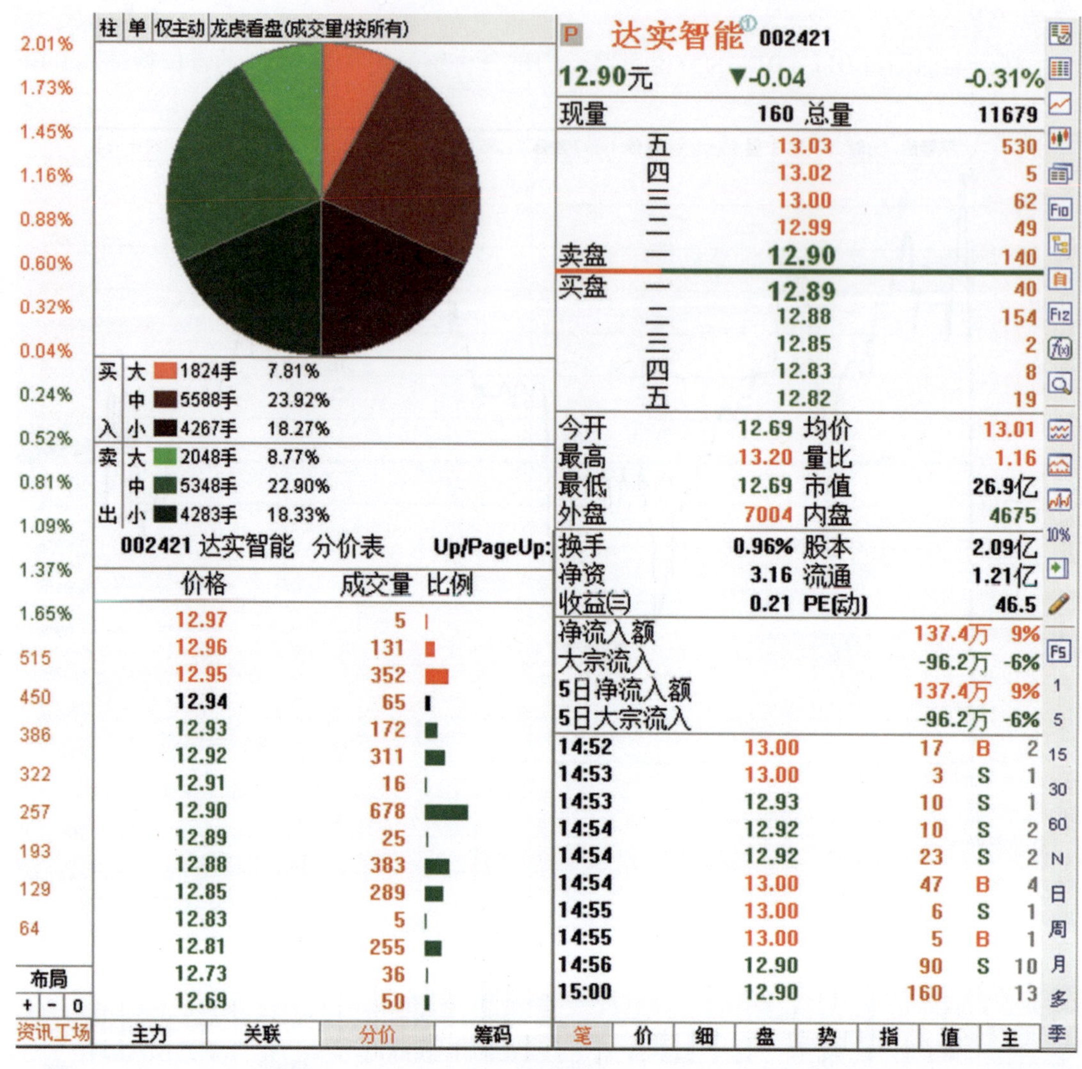

练习图 018

请各位参加实训的操盘手把实训练习题答案写在下边，存档备查：

____________年______月______日 星期______ 实训操盘手：__________

(1) ____

(2) ____

(3) ____

(4) ____

盘口技术实训第 019 讲

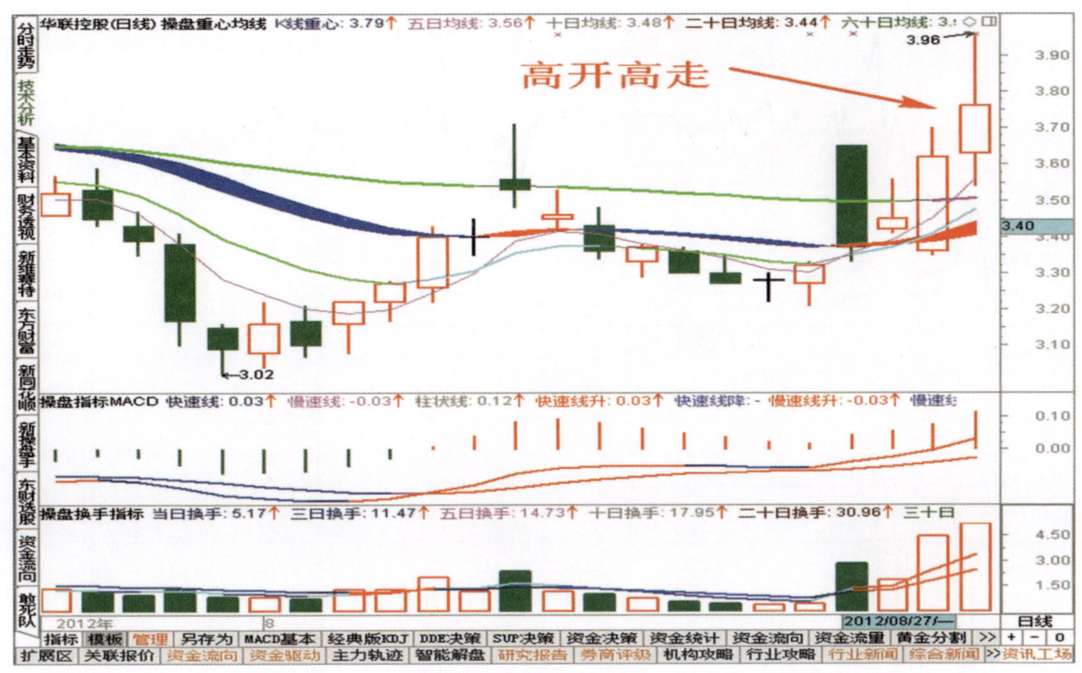

图谱 019 关键技术点位出现突破性高开日线走势图谱

图谱 019 解说

（一）从空间位置来说，当前股价的位置处于空间位置的低位区域，继续下行的空间比较小，经过近期的反复蓄势之后，向上突破的概率比较大。

（二）从 K 线形态来说，最近三天的走势属于三连阳，但最后一根 K 线出现了比较长的上影线，说明近一段时间来抛压比较大。同时出现了比较长的下影线，说明下档的承接盘踊跃，低位支撑的力度比较大。因此，下跌的空间有限，整理之后，上升概率大。

（三）从均线系统来说，短期均线 5 日均线和 10 日均线已经多头排列，20 日均线已经走平朝上，短期整理结束的迹象开始显露。中期均线 60 日均线还没有完全走平，说明大波段行情发动的时机尚未成熟，需要进一步整固。

（四）从操盘指标来说，MACD 指标零轴下金叉之后，红柱有进一步延伸的态势，短期内向上伸展的概率极高。股价近期以上升为主。

（五）从成交量能来说，量价配合基本健康，而且呈现出增量资金陆续进场的迹象。

日线走势图分析结论：下一个交易日静待盘中出现快速下挫的尖刀底，择机买进。

盘口技术实训第 020 讲

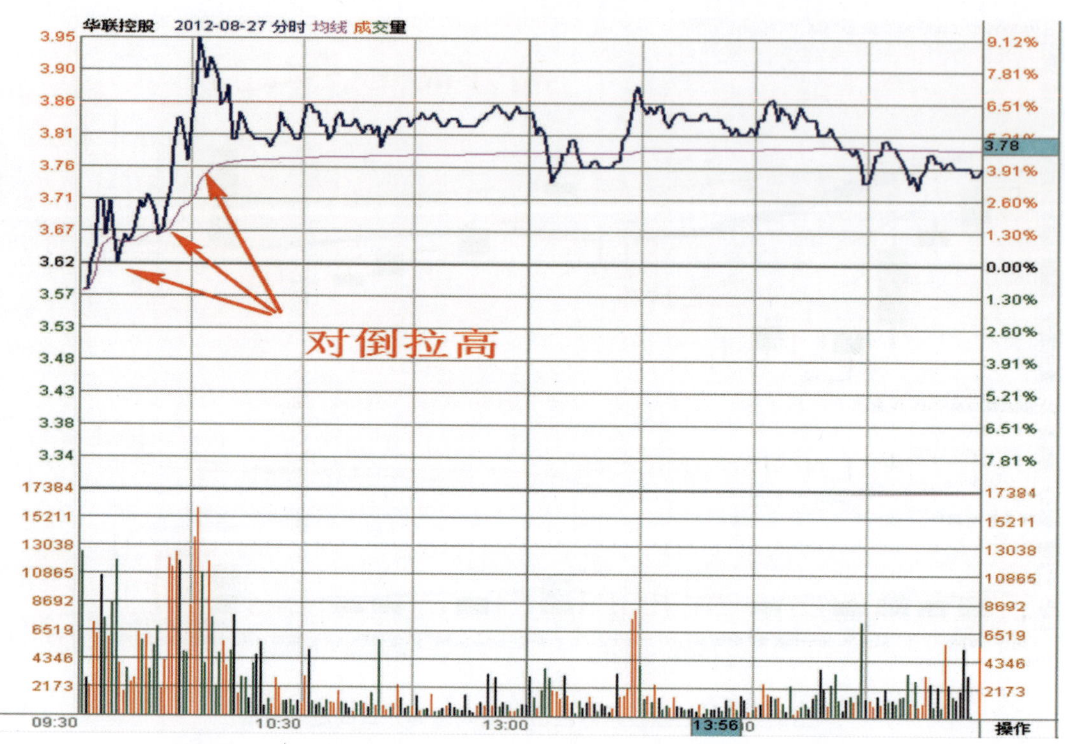

图谱 020　关键技术点位早盘第一时间段放量攻击性拉升走势图谱

图谱 020 解说

（一）集合竞价时间段小幅度高开，开盘量达到 3896 手，雇于高开放量冲击走势。

（二）早盘第一时间段略微放量下挫之后，出现攻击性放量拉升，向上突破的意图非常明显，波形顿挫有力，量峰密集放大，显示出主力做多的决心非常巨大。

（三）无奈当天大盘极不配合，一路下跌，创出新低。因此该品种午盘之后也开始走弱，最终收在了均价线之下。全天的走势跌宕多姿，多头暂时受挫，但上攻的雄心还在。

实盘训练的时候，职业操盘手的操盘决策如下：

（一）由于集合竞价时间段股价在 60 日均线上方开盘，因而可以采用向下埋伏的方式预埋单，在 60 日均线下方、前一根阳线实体内部 0. 382 附近位置下单埋伏。

（二）由于 60 日均线尚未走平，短期内震荡整理是必然走势，因此盘中出现急拉的时候卖掉部分筹码，而尾盘走软，不必急于回补，下一个交易日选择低点买进比较合适。

课堂实训练习 10

结合实训图谱 019、020 的解说思路，尝试分析练习图 019、020 的盘口特征。

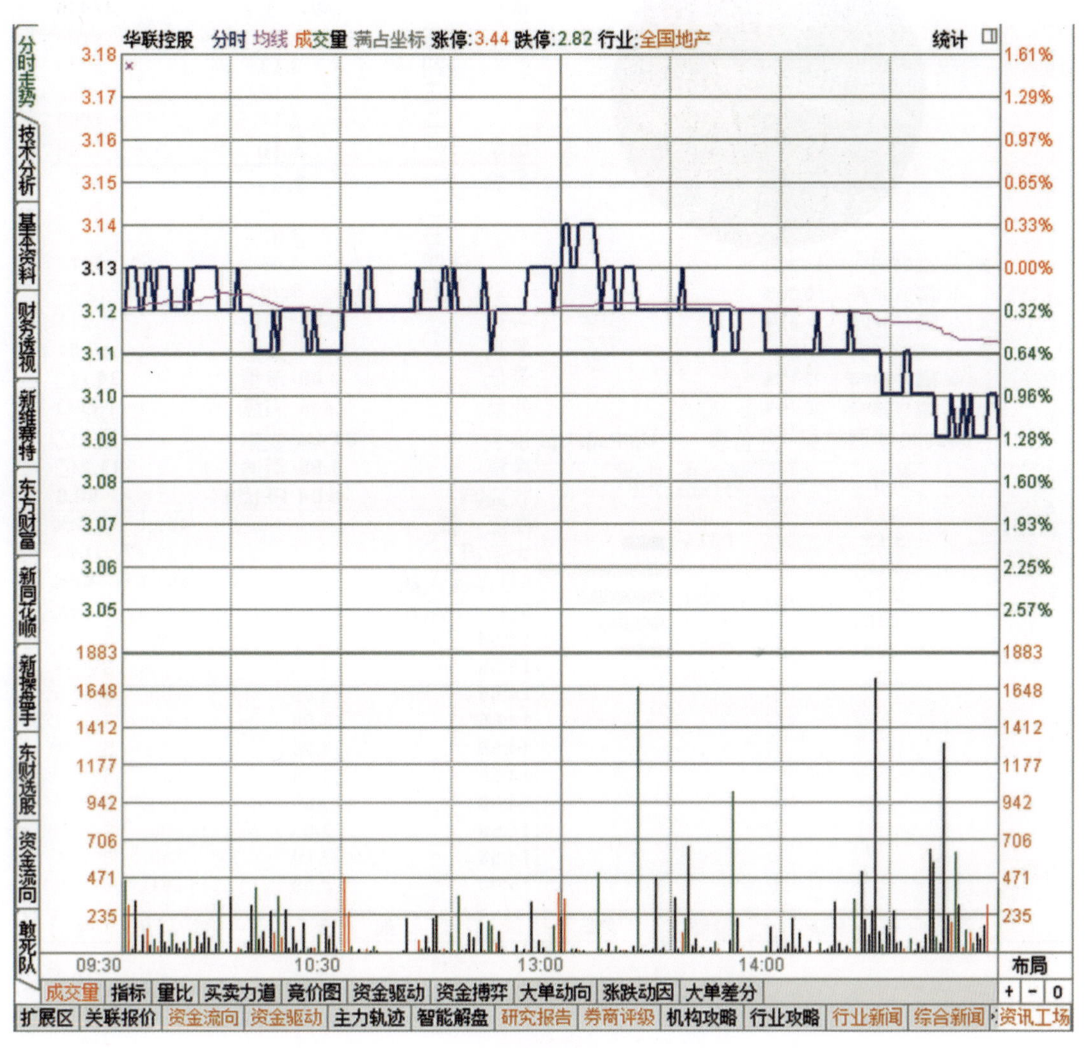

练习图 019

请各位参加实训的操盘手把实训练习题答案写在下边，存档备查：

______年______ 月______ 日 星期______ 实训操盘手：__________

（1）______________________________

（2）______________________________

（3）______________________________

（4）______________________________

上篇 盘口技术实训46讲

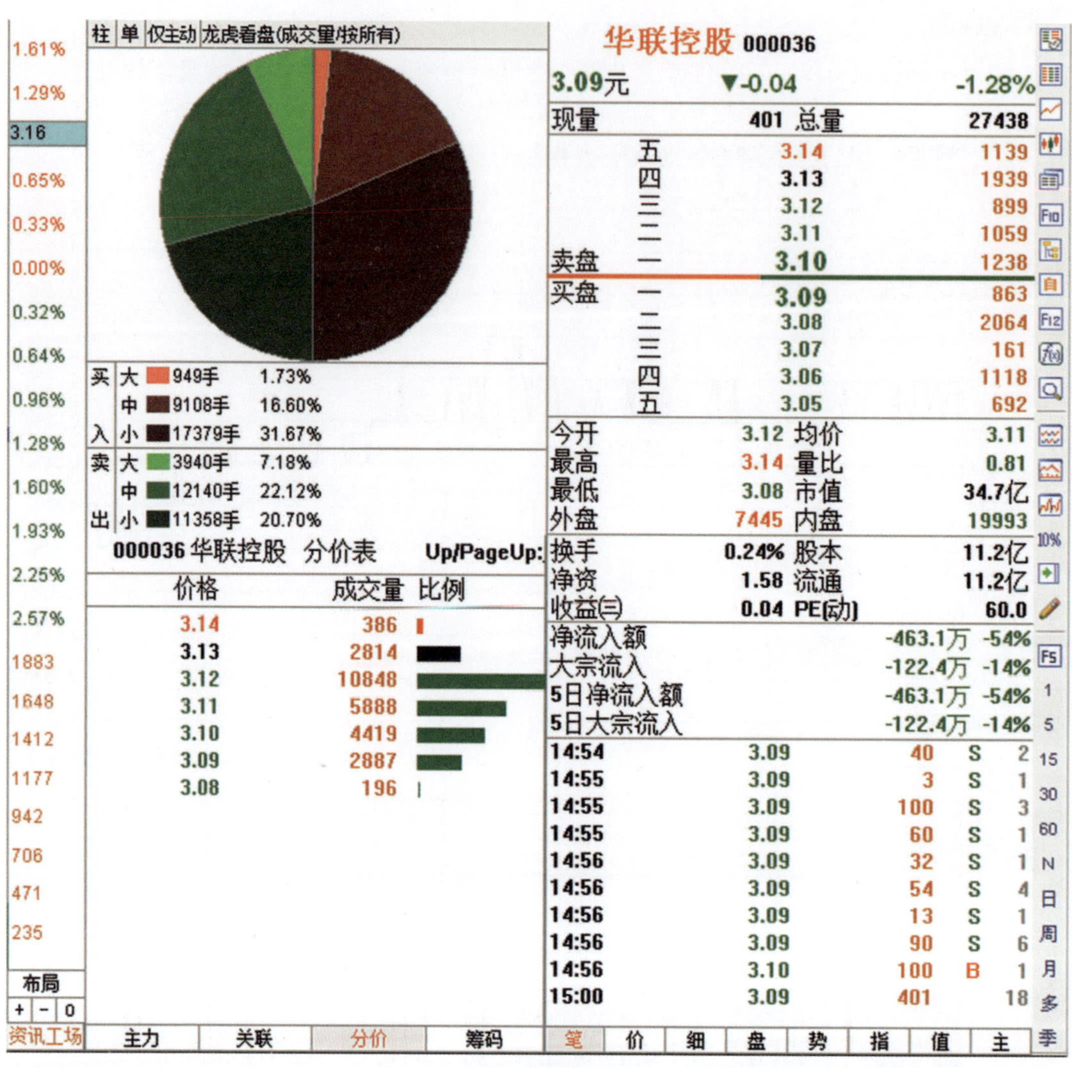

练习图 020

请各位参加实训的操盘手把实训练习题答案写在下边，存档备查：

________年____月____日 星期____ 实训操盘手：______

(1) ____________________

(2) ____________________

(3) ____________________

(4) ____________________

盘口技术实训第 021 讲

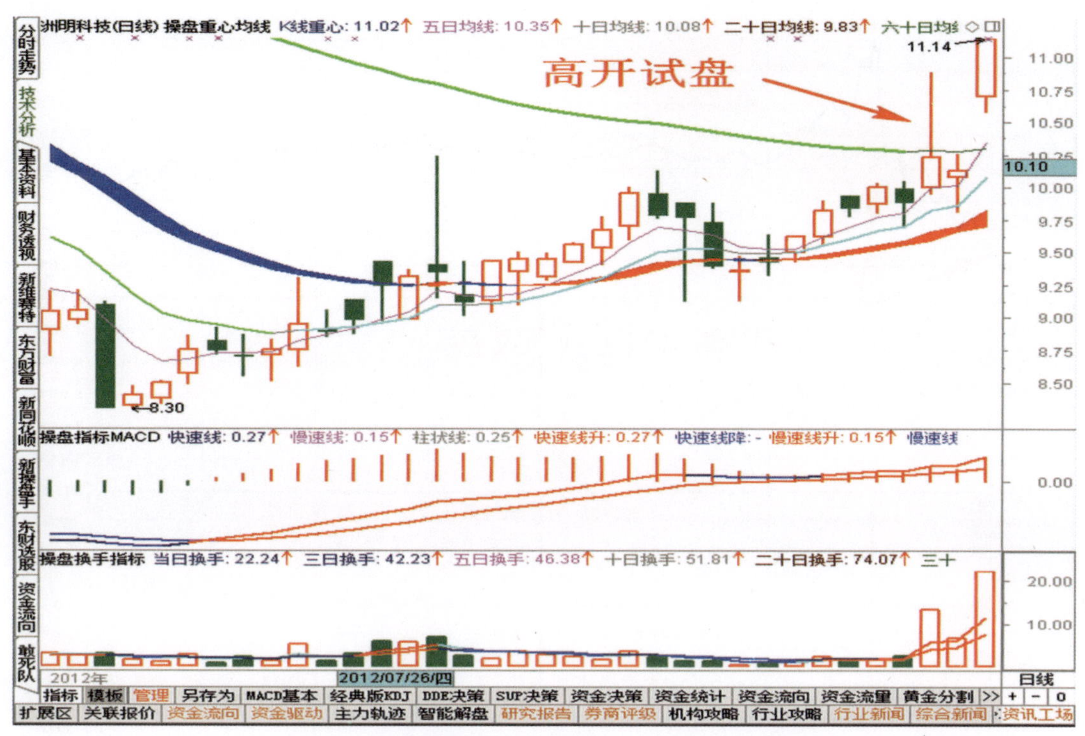

图谱 021　攻击性拉升之前高开向上试盘日线走势图谱

图谱 021 解说

（一）从空间位置来说，当前股价的位置处于相对低位，除权之后经过比较长时间的整理，向上的愿望已经比较强烈，今日高开长上影线，属于拉升前的试盘动作。

（二）从 K 线形态来说，这是比较常见的仙人指路图形，出现在空间位置的相对低位，揭示股价未来的走势。因此，可以认为是即将进入拉升的前兆。

（三）从均线系统来说，短期均线系统 5 日均线和 10 日均线已经呈现为多头排列，20 日均线已经呈现出走平的趋势。说明短期内将会出现小幅度拉升。但是中期均线 60 日均线还没调整到位，因此大波段行情展开的条件尚未成熟。

（四）从操盘指标来说，MACD 呈现出向上延伸的态势，有加速的征兆。说明多头行情将继续延伸，股价短暂调整之后，继续拉升的概率很大。

（五）从成交量能来说，成交量释放的有些急促，因此需要稍加修正，才能继续上攻。

日线走势图分析结论：后市看涨，寻找机会低吸。

盘口技术实训第 022 讲

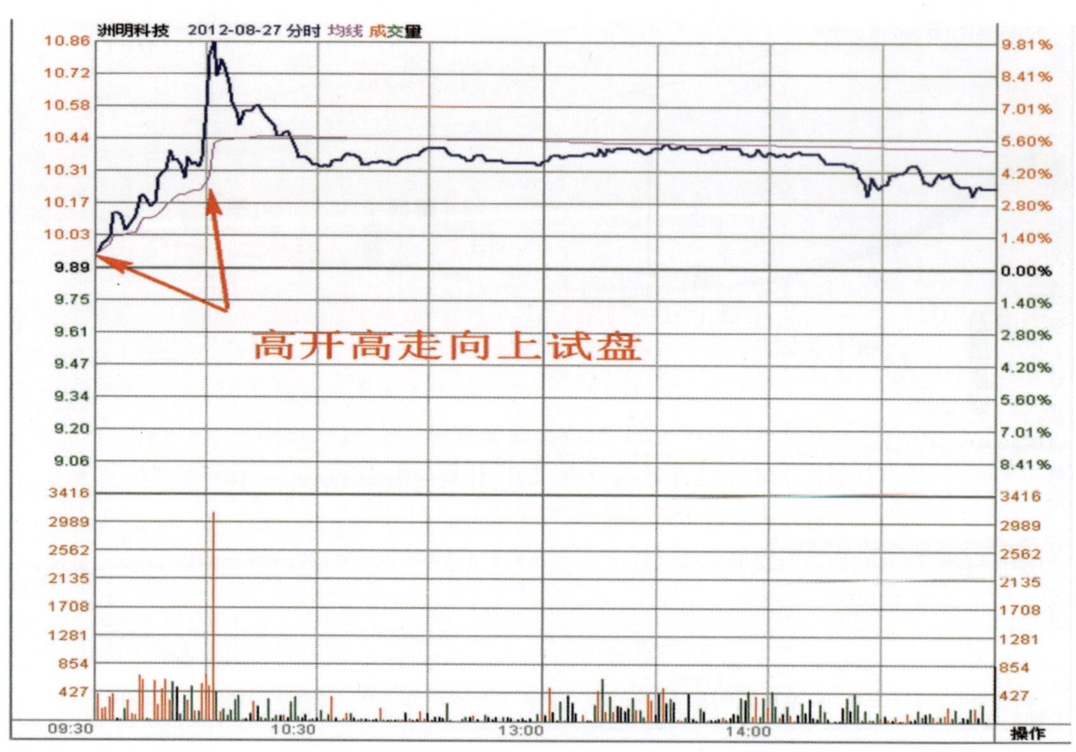

图谱 022　早盘盘口第一时间段向上试盘走势图谱

图谱 022 解说

（一）集合竞价时间段股价小幅度高开，开盘量不大。早盘第一时间段大部分时间股价呈 45°向上爬升，之后突然发起攻击，瞬间大幅度向上猛拉。该股这种走势，当日涨停的概率很小，因而此时我们不必追高买入，而是耐心观察主力如此拉升的意图，进一步跟踪分析，根据盘口的变化做出对策。

（二）瞬间猛拉之后立即出现快速回落，随后逐波盘跌，很明显属于试盘之后反复诱空，诱使意志不坚定的投资者出局。这种盘口特征是典型的骗筹行为。

实盘训练的时候，职业操盘手的操盘决策如下：

（一）如果在前边已经根据关键技术点位原理买进底仓，那么当日可以在早盘第一时间段出现瞬间猛拉的时候，迅速出局，卖掉大部分筹码。

（二）由于主力当日向上试盘，接下来向下试盘属于正常套路。因此，卖出之后，当天不要急于买进，而是要持币，等待向下试盘的时候，再寻找低点买进。

课堂实训练习 11

结合实训图谱 021、022 的解说思路，尝试分析练习图 021、022 的盘口特征。

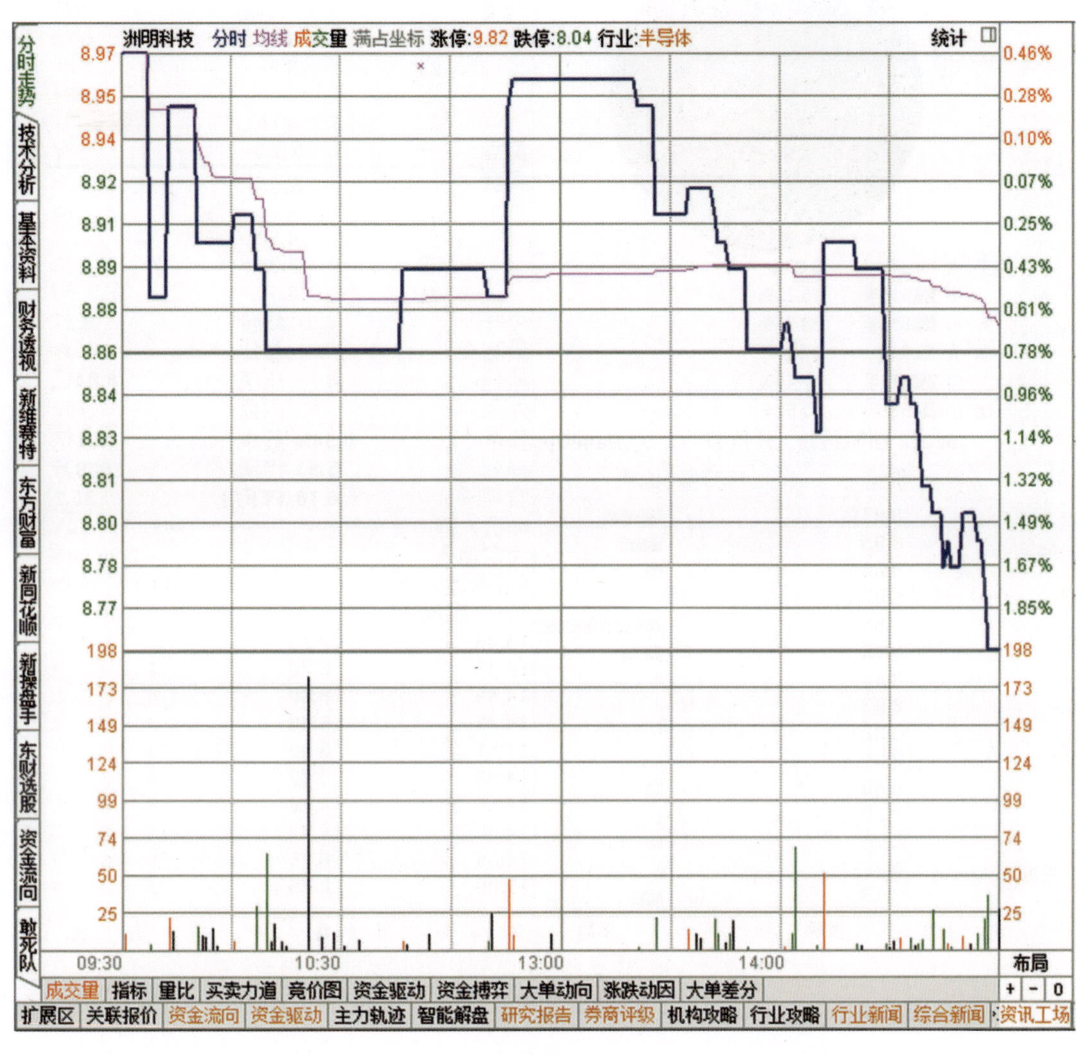

练习图 021

请各位参加实训的操盘手把实训练习题答案写在下边，存档备查：

__________年______月______日　星期______ 实训操盘手：__________

（1）____

（2）____

（3）____

（4）____

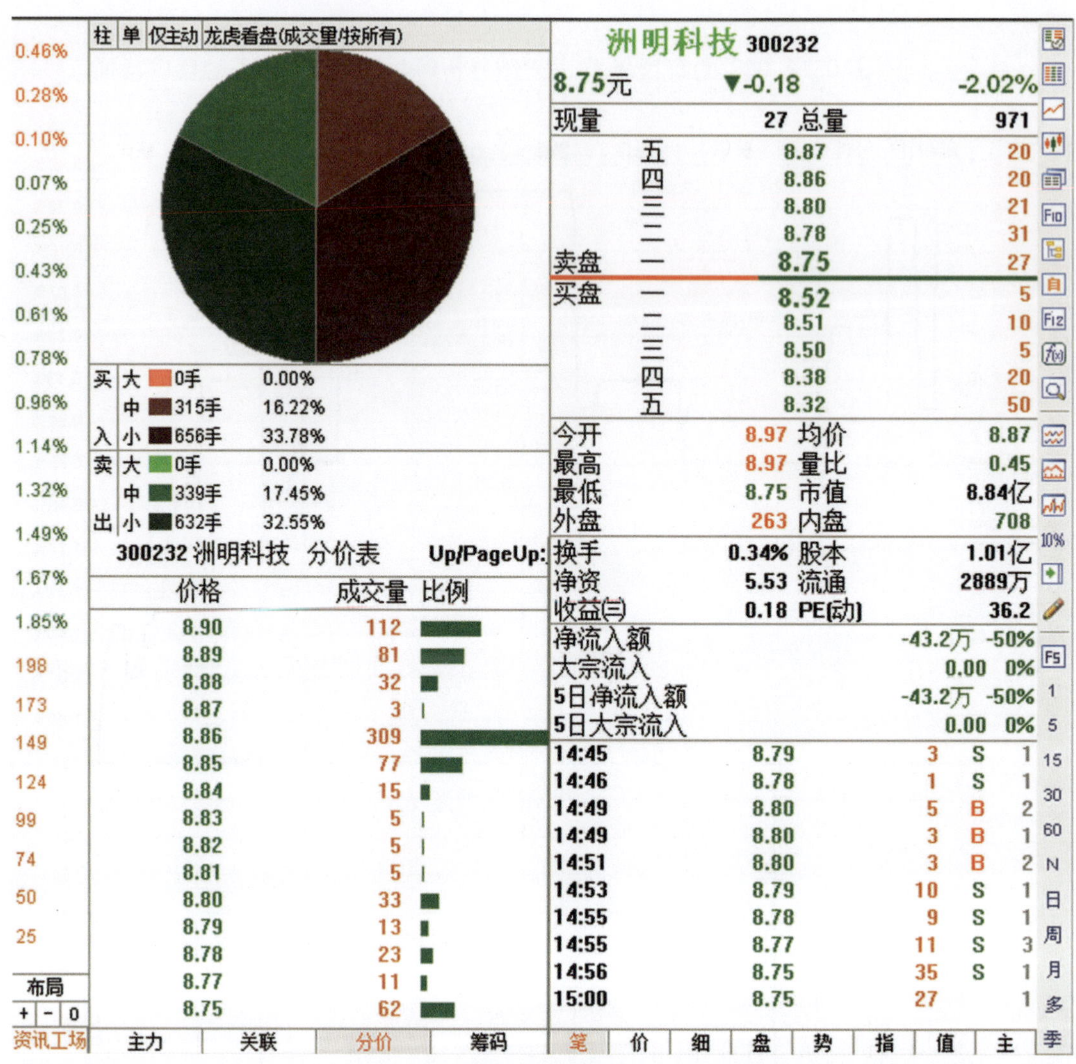

练习图 022

请各位参加实训的操盘手把实训练习题答案写在下边，存档备查：

______________年______月______日 星期______ 实训操盘手：__________

(1) ____

(2) ____

(3) ____

(4) ____

盘口技术实训第 023 讲

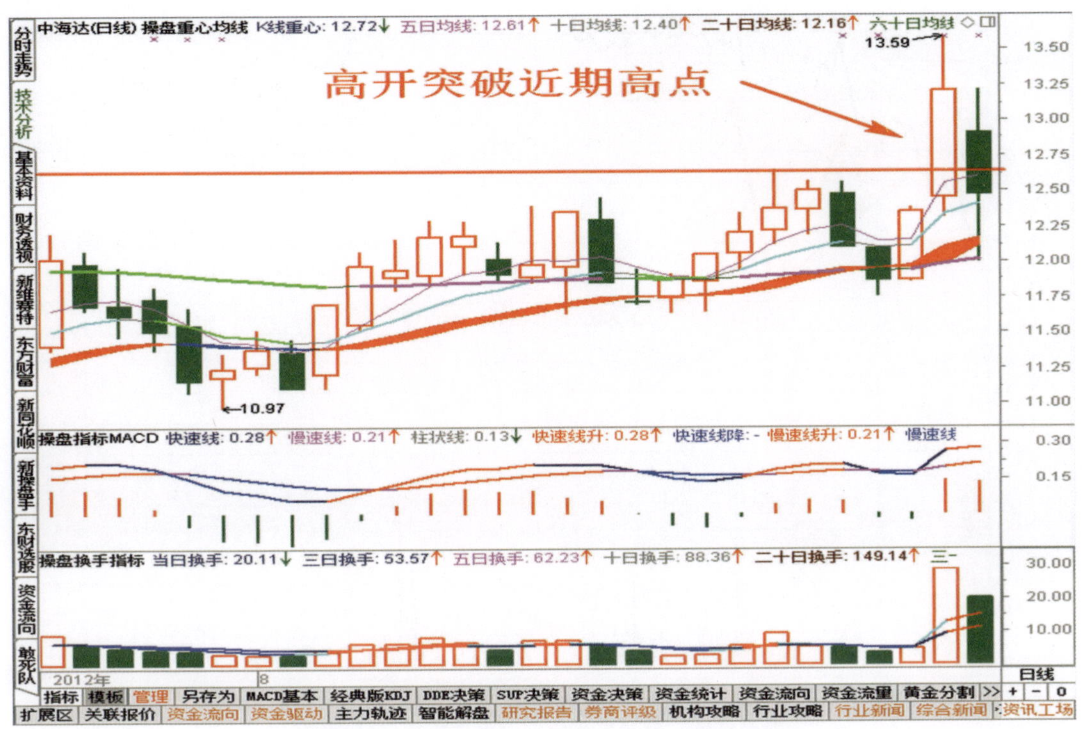

图谱 023　高开高走突破前期高点日线走势图谱

图谱 023 解说

（一）从空间位置来说，这是一只除权股，除权之后一路震荡盘升，呈现出非常老到的控盘特征。当前股价已经处于空间位置的相对高位，风险比较大。

（二）从 K 线形态来说，属于带有上下影线的中阳线，上影线比较长，说明当前抛压比较大。下影线位于 5 日均线之间、10 日均线之上，说明下档的支撑比较有力。

（三）从均线系统来说，整个短期均线系统处于非常有秩序的多头排列，中期均线 60 日均线也同步多头排列，整个均线系统调整的非常协调，从小到大依次排列，匀速向前，说明主力操盘手法非常圆熟，拿捏得体，非常符合技术特征。

（四）从操盘指标来说，KDJ 指标处于中轴线附近金叉向上，而 MACD 指标出现了零轴上的钝化，走势显得比较微妙。这时候可以撇开指标来操作。

（五）从成交量能来说，成交量突然放大比较多，说明多头当天消耗动能过大，在化解前期高点附近的套牢盘方面消耗了很多精力，需要休整一下。

日线走势图分析结论：由于当天放量过急，上影线过长，因此暂时保持观望。

盘口技术实训第 024 讲

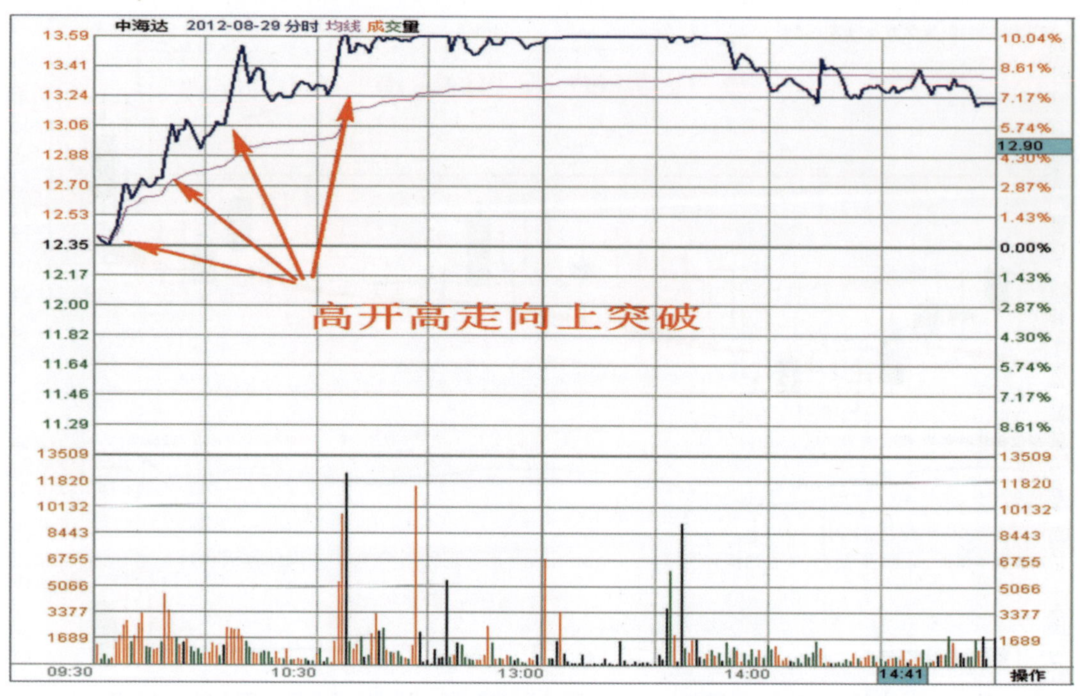

图谱 024　高开高走盘口对敲式拉抬走势图谱

图谱 024 解说

（一）集合竞价时间段已非常微弱的幅度高开，开盘量是 1018 手。开盘量比较大，高开幅度却比较小，这种开盘定式出现时，股价在当日涨停的概率在 70% 以上，但尾盘被打开的概率达到 95% 以上，因此需要谨慎对待，绝对不要追涨。

（二）开盘之后略微下挫就被拉起来，早盘轻轻松就拉上去了。盘中攻击涨停板，却没能够牢牢封住，而是反复被打开。第四时间段后半段和第五、第六时间段，再也不能攻击涨停板，而是越盘越低，最终收在均价线之下，弱势明显。

实盘训练的时候，职业操盘手的操盘决策如下：

（一）从日线图来判断，该股除权之后震荡盘升，波段套利特征明显，如果该股当日涨停，能够牢牢封住涨停板的话，则次日继续震荡上涨的可能性达 80% 以上，但是盘中未能封住涨停板，因此，在盘中短线必须及时卖出，大幅度减仓，次日静待低点回补。

（二）该股当天不能涨停，而且尾盘走软，次日持续震荡上涨的可能性很小，因此可以在尾盘再次大幅度减仓，临盘可于次日股价盘中震荡下挫时再逢低抢进。

课堂实训练习 12

结合实训图谱 023、024 的解说思路，尝试分析练习图 023、024 的盘口特征。

练习图 023

请各位参加实训的操盘手把实训练习题答案写在下边，存档备查：

______年______ 月______ 日 星期______ 实训操盘手：__________

（1）______________________________

（2）______________________________

（3）______________________________

（4）______________________________

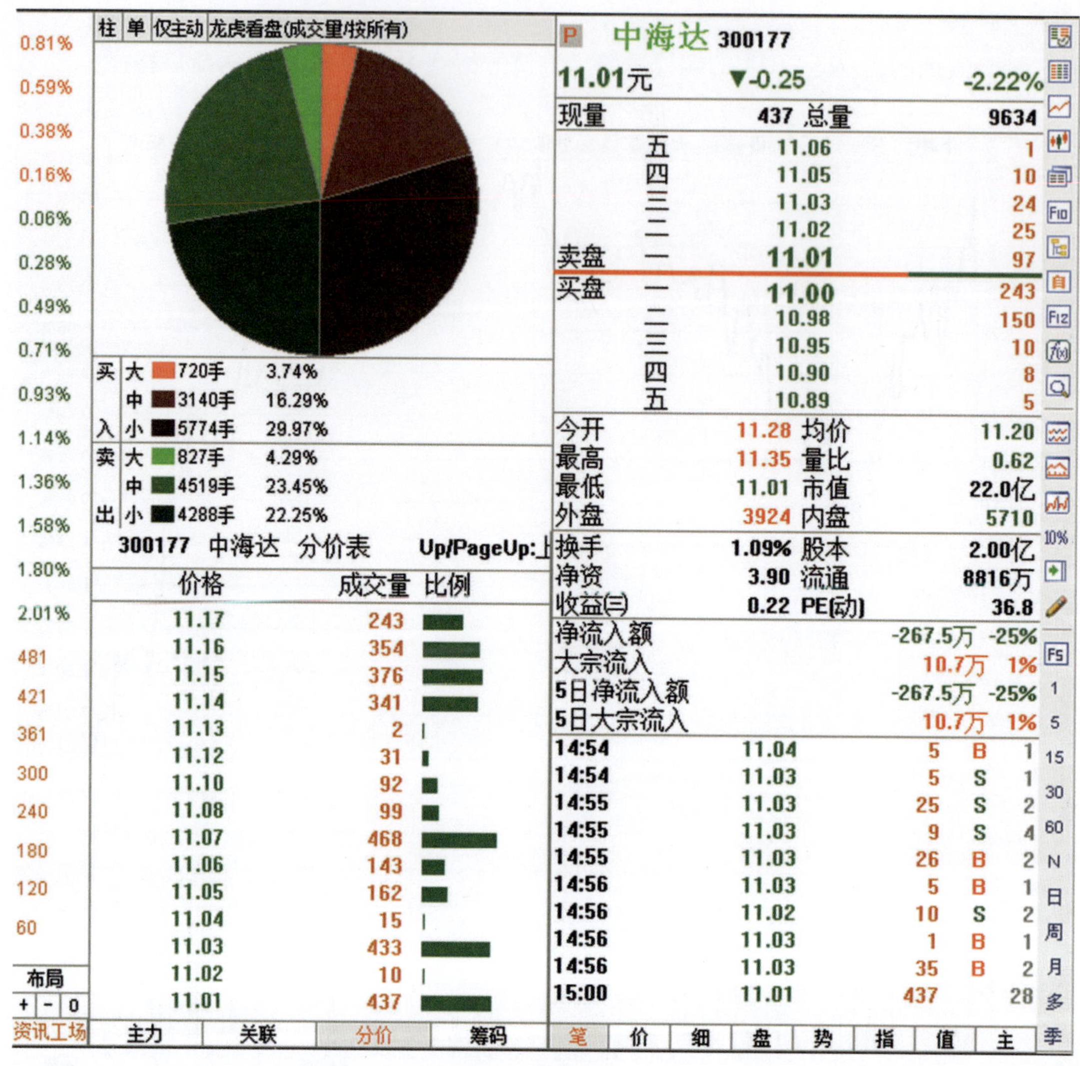

练习图 024

请各位参加实训的操盘手把实训练习题答案写在下边，存档备查：

__________年______月______日 星期______ 实训操盘手：__________

(1) ____

(2) ____

(3) ____

(4) ____

盘口技术实训第 025 讲

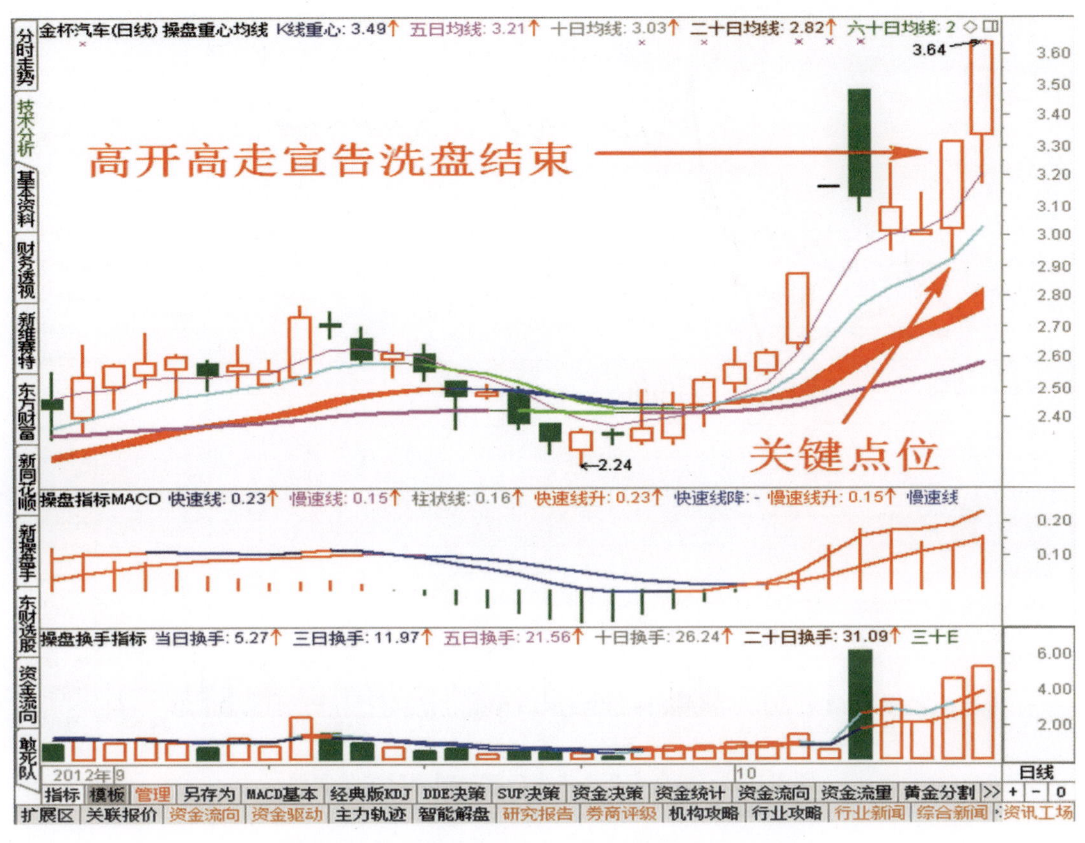

图谱 025　短期洗盘结束后高开高走日线走势图谱

图谱 025 解说

（一）从空间位置来说，当前股价处于相对高位，前边已经连续拉升三个涨停板，当前处于两个涨停板的上方，从短线的角度来说，还具有获利出货空间。

（二）从 K 线形态来说，属于带有明显上下影线的中阳线，纺锤形结构说明上档的抛压比较大，下档也有一定的支撑。需要特别注意前边第三个涨停板的压力。

（三）从均线系统来说，短期均线交易系统的 5 日均线、10 日均线和 20 日均线处于多头排列，向上的意图比较明显。但是这三条均线之间呈现出混乱结构，需要进一步整合。中期均线呈现出徐徐走平的趋势，但是还没有完全走平，需要进一步整固。

（四）从操盘指标来说，MACD 红柱向下缩短的态势已经表现出来。KDJ 处于微妙的死叉前夜。这是非常奇妙的位置，可上可下，而向下的概率比较大。

（五）从成交量能来说，当日的成交量比较健康，价量配合属于正常。

日线走势图分析结论：上行难度很大，下档支撑明显。因此当日以高抛为主。

盘口技术实训第 026 讲

图谱 026　早盘高开高走盘口第一时间段走势图谱

图谱 026 解说

（一）集合竞价时间段股价小幅度高开，开盘量是 1092 手，对于流通盘 10. 9 亿品种来说，这样的开盘量属于比较小，还不能称为巨量高开。开盘之后略微下挫之后就立即被小单拉起，说明盘口很轻。

（二）早盘第一时间段出现了两波上攻，成交量同步放大。从盘口量峰来看，对倒迹象明显。在即将触及涨停板的时候，出现了猛烈的抛盘，说明上方的压力很大。当天这种开盘定式出现时，股价在当日有能力涨停却不能涨停，接下来向下调整的概率在 90% 以上，随后卖盘较为踊跃，因此下一个交易日反复下跌的概率亦在 80% 以上。

实盘训练的时候，职业操盘手的操盘决策如下：

（一）该股当日早盘几乎触及涨停板，但无力涨停，这是多头气势衰败的迹象，因此早盘过后需要寻找高点积极卖出，不要再抱有什么幻想。

（二）盘中及尾盘的走势都很沉闷，疲乏无力。因此，尾盘再次大幅度卖出，回笼资金，在下一个交易日盘中出现快速下挫的时候，在下方的 60 日均线附近低吸。

课堂实训练习 13

结合实训图谱 025、026 的解说思路，尝试分析练习图 025、026 的盘口特征。

练习图 025

请各位参加实训的操盘手把实训练习题答案写在下边，存档备查：

__________年______月______日 星期______ 实训操盘手：__________

(1) ________________________________

(2) ________________________________

(3) ________________________________

(4) ________________________________

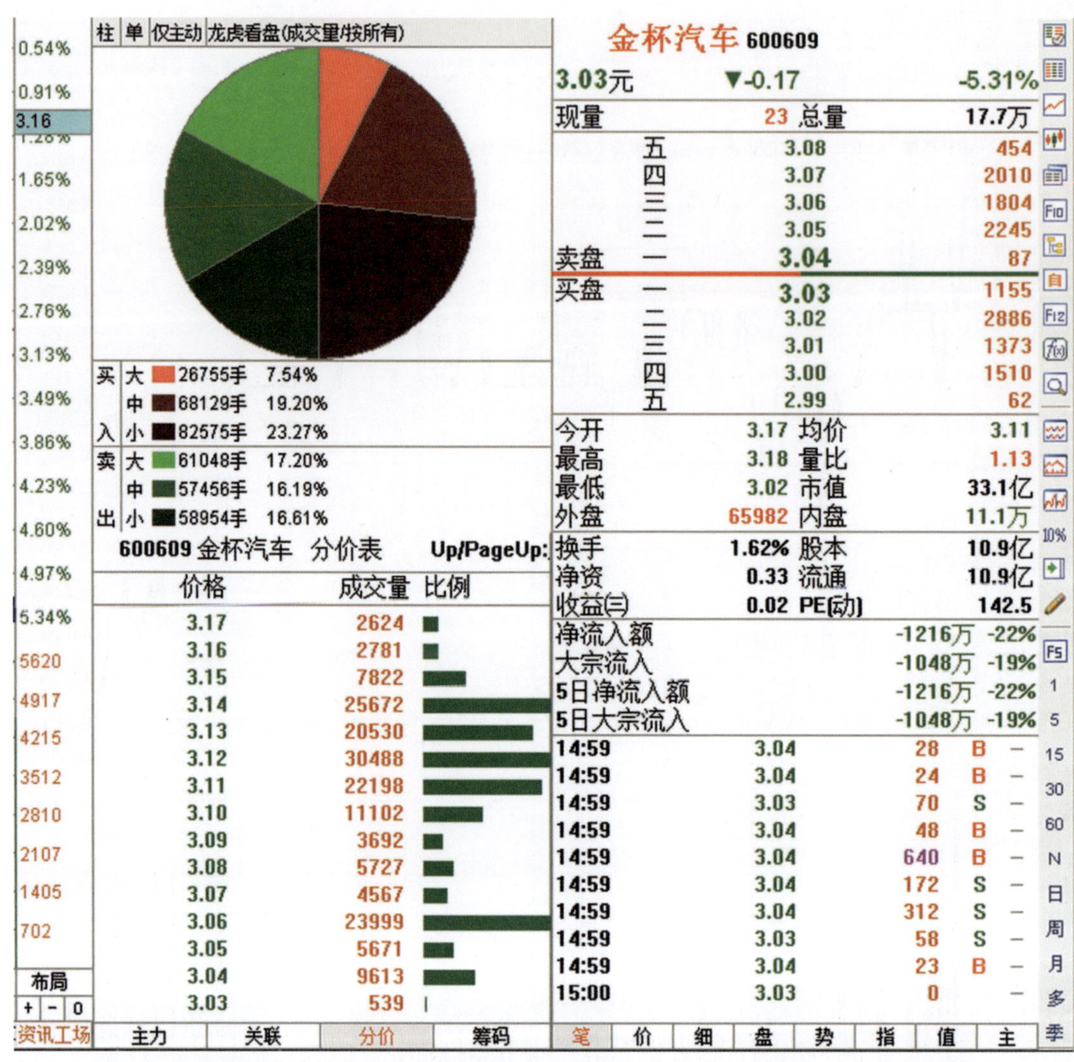

练习图 026

请各位参加实训的操盘手把实训练习题答案写在下边，存档备查：

______年______月______日 星期______ 实训操盘手：______

(1) ______________________________

(2) ______________________________

(3) ______________________________

(4) ______________________________

盘口技术实训第 027 讲

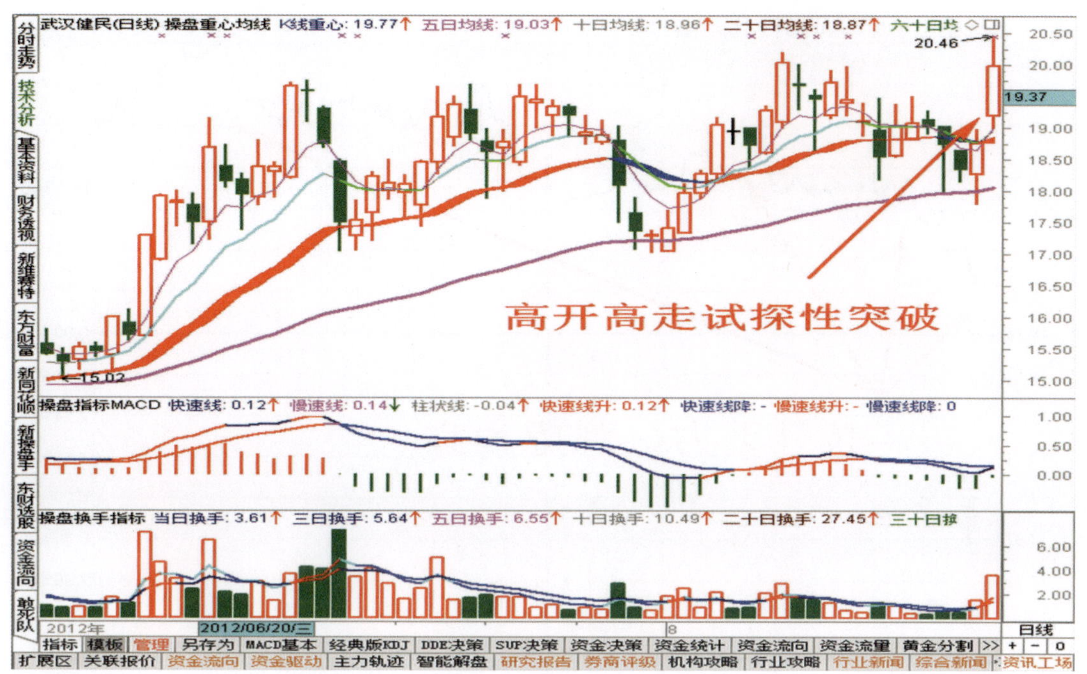

图谱 027　高开高走试探性突破日线走势图谱

图谱 027 解说

（一）从空间位置来说，当前股价已经处于相对高位，从短线操作的角度来说，已经积聚了不少风险，需要谨慎对待。该股自从近期的大波段行情展开以来，已经是第二次触及 60 日均线止跌回升，当前属于本次波段拉升的第三波。

（二）从 K 线形态来说，属于带有上下影线的中阳线，上影线比较长，说明面临上一个小波段的高点时，抛压比较大。下影线也比较长，说明下档支撑的力度比较强。

（三）从均线系统来说，短期均线系统 5 日均线、10 日均线和 20 日均线呈现为粘合状态，向上发散的态势比较明显。中期均线 60 日均线坚挺向上，支持短期均线系统。

（四）从操盘指标来说，MACD 指标呈现出零轴上金叉的迹象，整理之后继续拉升的概率比较大。但是，红柱有点萎缩的迹象，需要谨慎对待。

（五）从成交量能来说，价量关系比较正常，但是由于前期高点附近压力比较大，因此接下来会面临整理的压力。一旦量能不济，小心向下逆转。

日线走势图分析结论：当天选择高点大量减仓，下一个交易日再考虑是否进行回补。

盘口技术实训第 028 讲

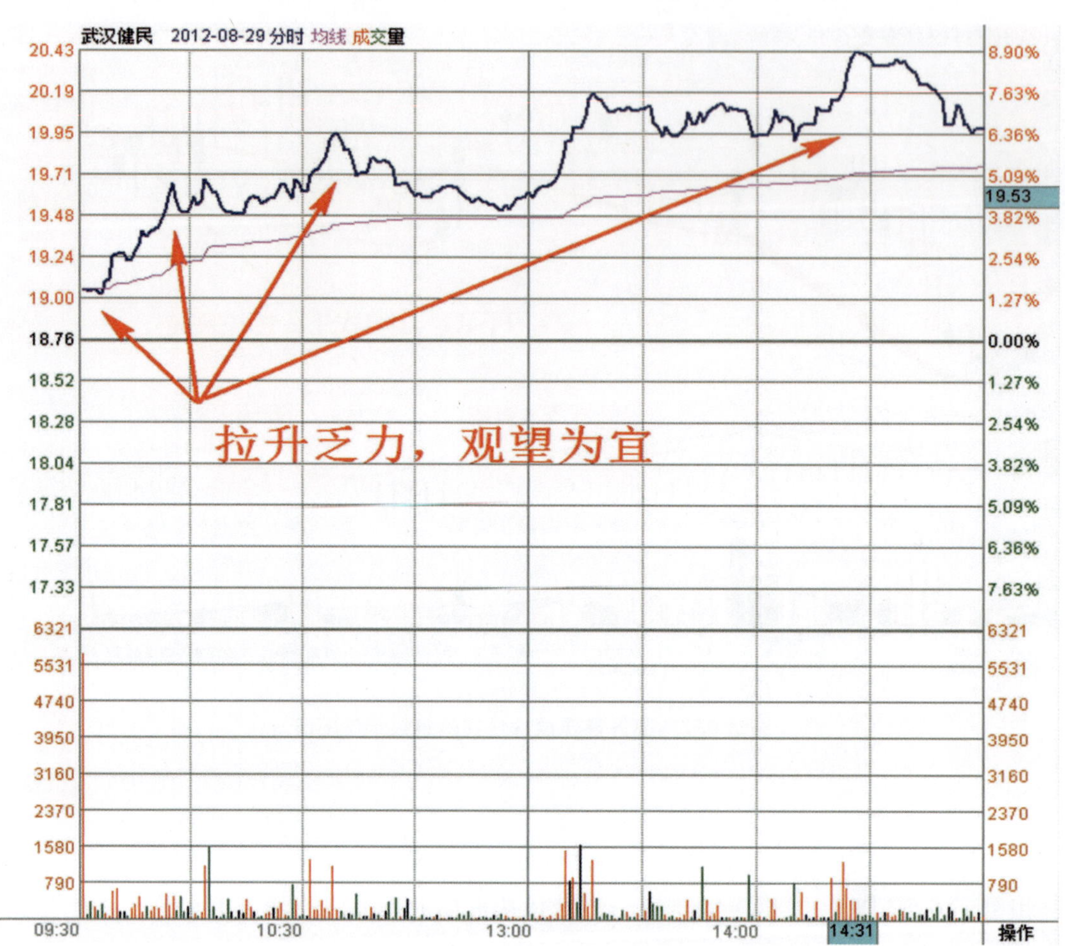

图谱 028　高开高走试探性突破全天盘口走势图谱

图谱 028 解说

（一）集合竞价时间段股价以比较小幅度高开，开盘量是 1447 手，属于巨量范畴。

（二）早盘第一时间段缓慢爬升，量能比较弱小。盘中出现了三波比较大幅度的拉升，但成交量却是越来越小，最后一波拉升出现了明显的价量背离，说明拉升投机色彩很浓。

（三）观察全天的盘口，可以认为这是技巧性做盘，不是真金白银的操盘行为。

实盘训练的时候，职业操盘手的操盘决策如下：

（一）结合盘口的走势，除了在早盘选择低点适当买进之外，其他点位不宜参与。

（二）盘中多次出现拉升乏力的症状，因此持股的投资者需要选择高点降低仓位。

课堂实训练习 14

结合实训图谱 027、028 的解说思路，尝试分析练习图 027、028 的盘口特征。

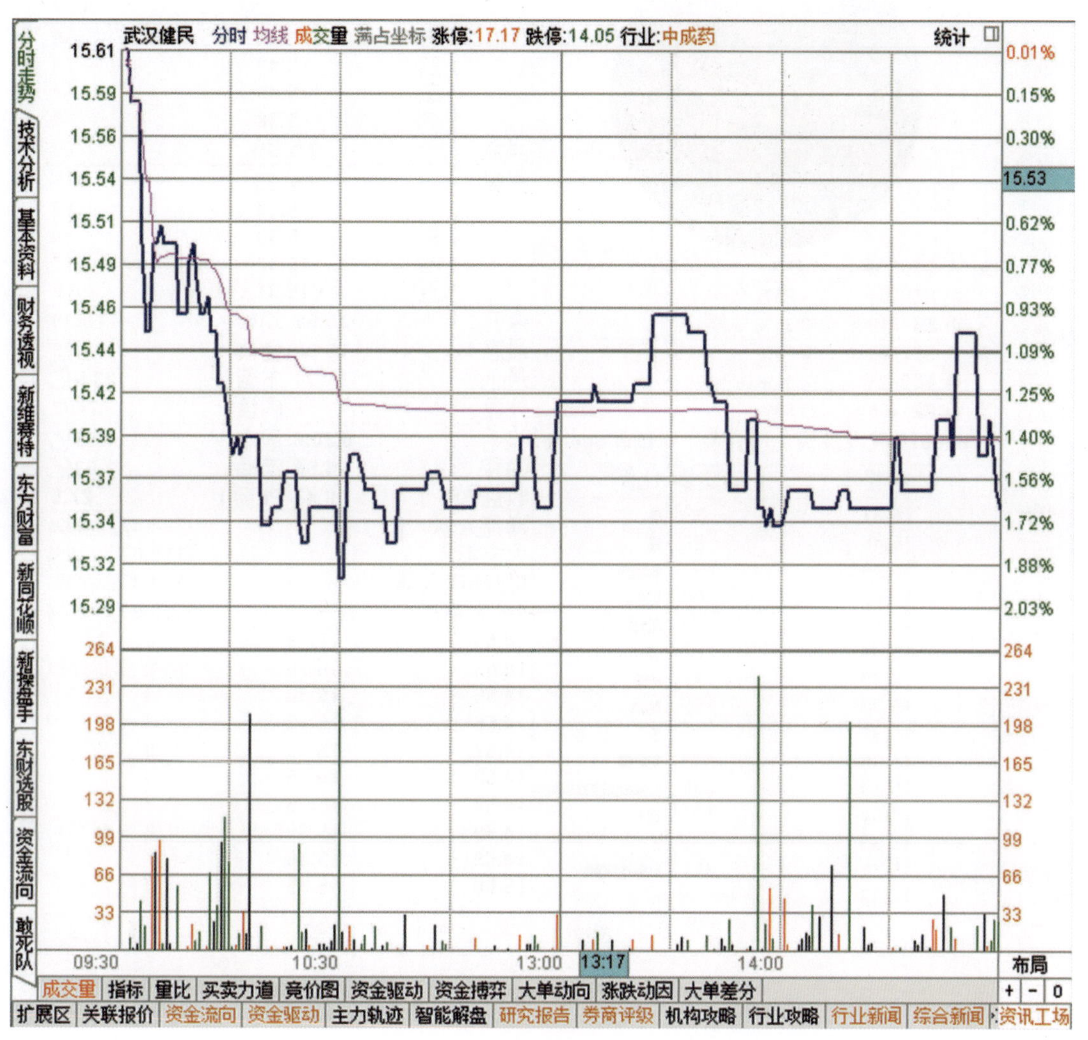

练习图 027

请各位参加实训的操盘手把实训练习题答案写在下边，存档备查：

__________年______月______日　星期______ 实训操盘手：__________

（1）______________________________

（2）______________________________

（3）______________________________

（4）______________________________

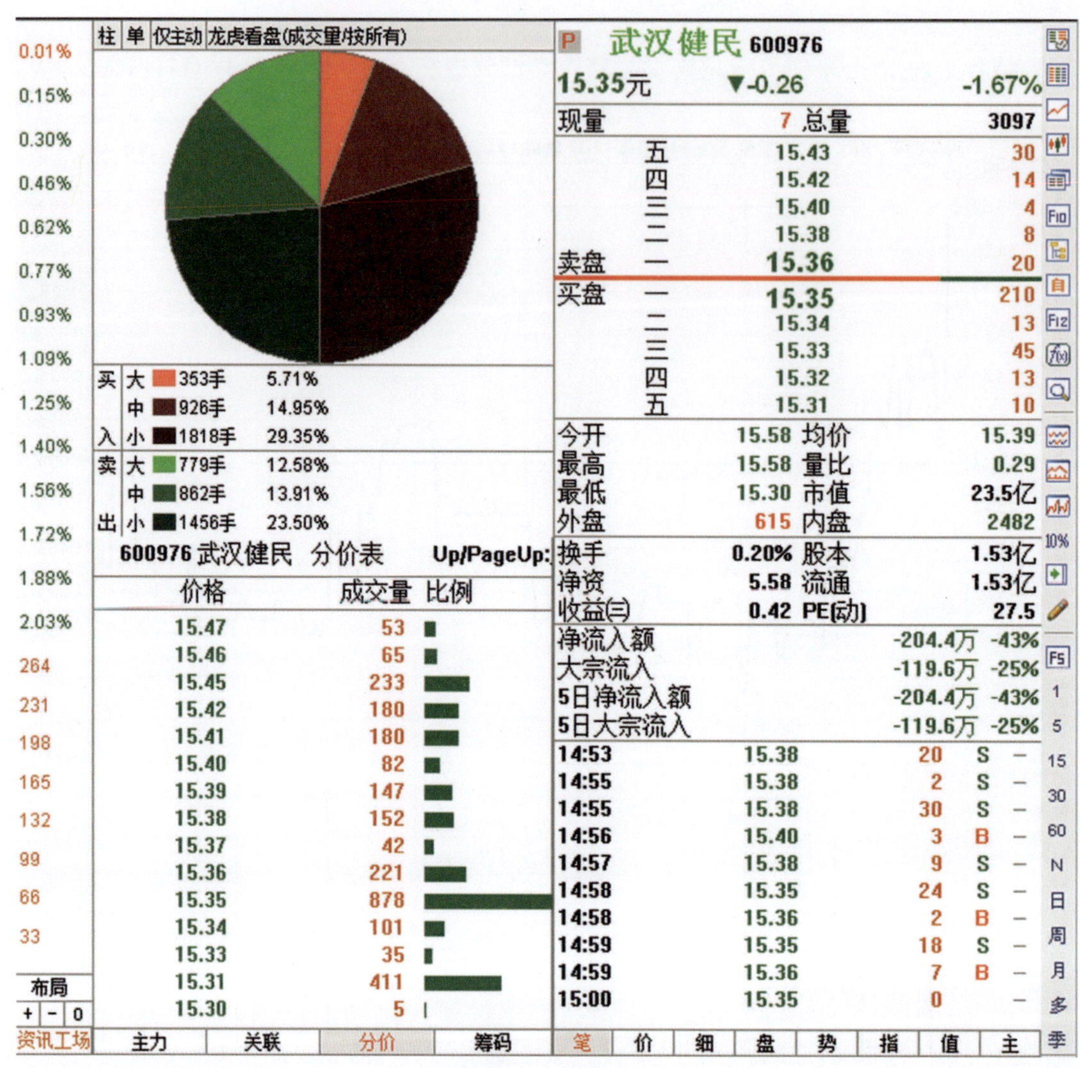

练习图 028

请各位参加实训的操盘手把实训练习题答案写在下边，存档备查：

________年______月______日 星期______ 实训操盘手：________

（1）____________________

（2）____________________

（3）____________________

（4）____________________

盘口技术实训第 029 讲

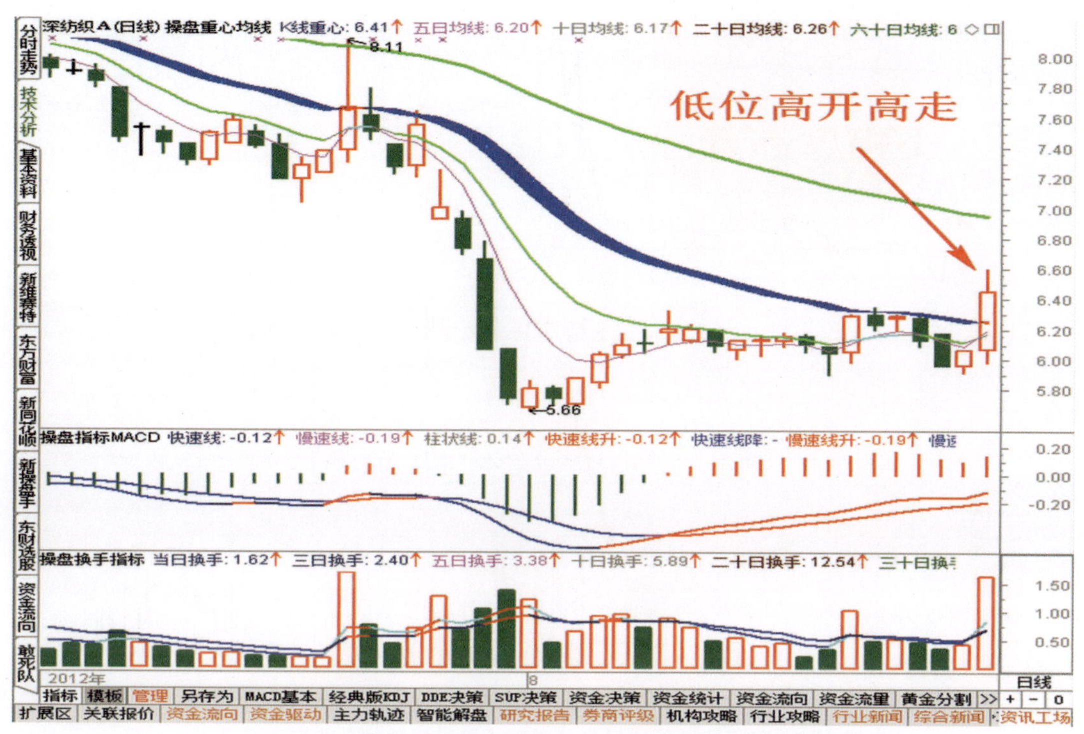

图谱 029　空间位置低位高开高走日线走势图谱

图谱 029 解说

（一）从空间位置来说，当前股价处于空间位置的低位，属于底部建仓区域。

（二）从 K 线形态来说，属于带有上下影线的纺锤线，是一根中阳线。比较长的下影线说明股价下档具有比较强的支撑。上影线比较长，一是有一定的抛压，二是主力为了试盘故意做出这样的图形，诱使散户出局，借以骗取廉价筹码。

（三）从均线系统来说，短期均线系统在空间位置的低位区域呈现出粘合态势，说明短期内均线已经调整到位，向上拉升属于大概率事件。中期均线 60 日均线还处于向下倾斜的状态，而且距离不远。因此股价面临着上行的压力，需要谨慎对待。

（四）从操盘指标来说，MACD 零轴下金叉之后，向上翻红，红柱在不断延伸，似乎有加速拉升的迹象。说明短期内股价将冲击 60 日均线。

（五）从成交量能来说，当天放量比较明显，说明前期整理平台的套牢筹码急于出局，接下来主力可能高开低走，引诱它们尽快离场。

日线走势图分析结论：盘中低吸，随后的交易日冲高时抛出为主。

盘口技术实训第 030 讲

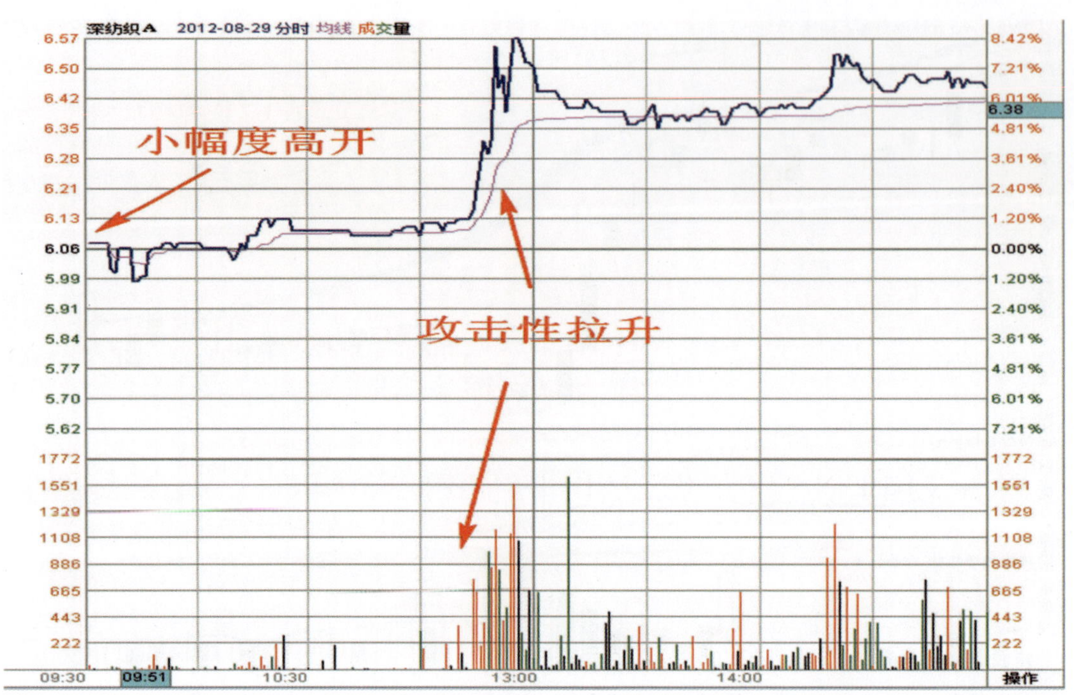

图谱 030　空间位置低位早盘第三时间段试探性拉升盘口走势图谱

图谱 030 解说

（一）集合竞价时间段股价以极其微小的幅度高开，开盘量是 27 手，散户行为。

（二）早盘第一时间段的走势十分孱弱，主力并没有出面主持工作。第二时间段出现了零星的对敲单，也仅仅是围着均价线弱势震荡。期间很长时间没有成交，说明控盘程度很高，如果不是主力出手，盘面几乎没有大动静。看盘的时候要特别注意这一点。

（三）第三时间段出现非常刺眼的对敲型攻击，瞬间堆量拉升，价量关系极不自然，显示出非常典型的人为操纵的迹象。很显然，这是试探性拉升的操盘行为。

实盘训练的时候，职业操盘手的操盘决策如下：

（一）该股当前处于空间位置的低位，从盘口来看属于高度控盘的品种，盘中快速对倒拉升而不涨停时，可以快速卖出部分筹码。短线可在盘中或者尾盘回落时再找低点抢进。

（二）该股当天尾盘略微走软，持币者可以选择低点买进，第二天选择高点抛出。持股者选择高点抛出，在次日盘中选择低点进行回补。临盘也可以滚动操作。

课堂实训练习 15

结合实训图谱 029、030 的解说思路，尝试分析练习图 029、030 的盘口特征。

练习图 029

请各位参加实训的操盘手把实训练习题答案写在下边，存档备查：

________年______月______日 星期______ 实训操盘手：________

（1）____________________

（2）____________________

（3）____________________

（4）____________________

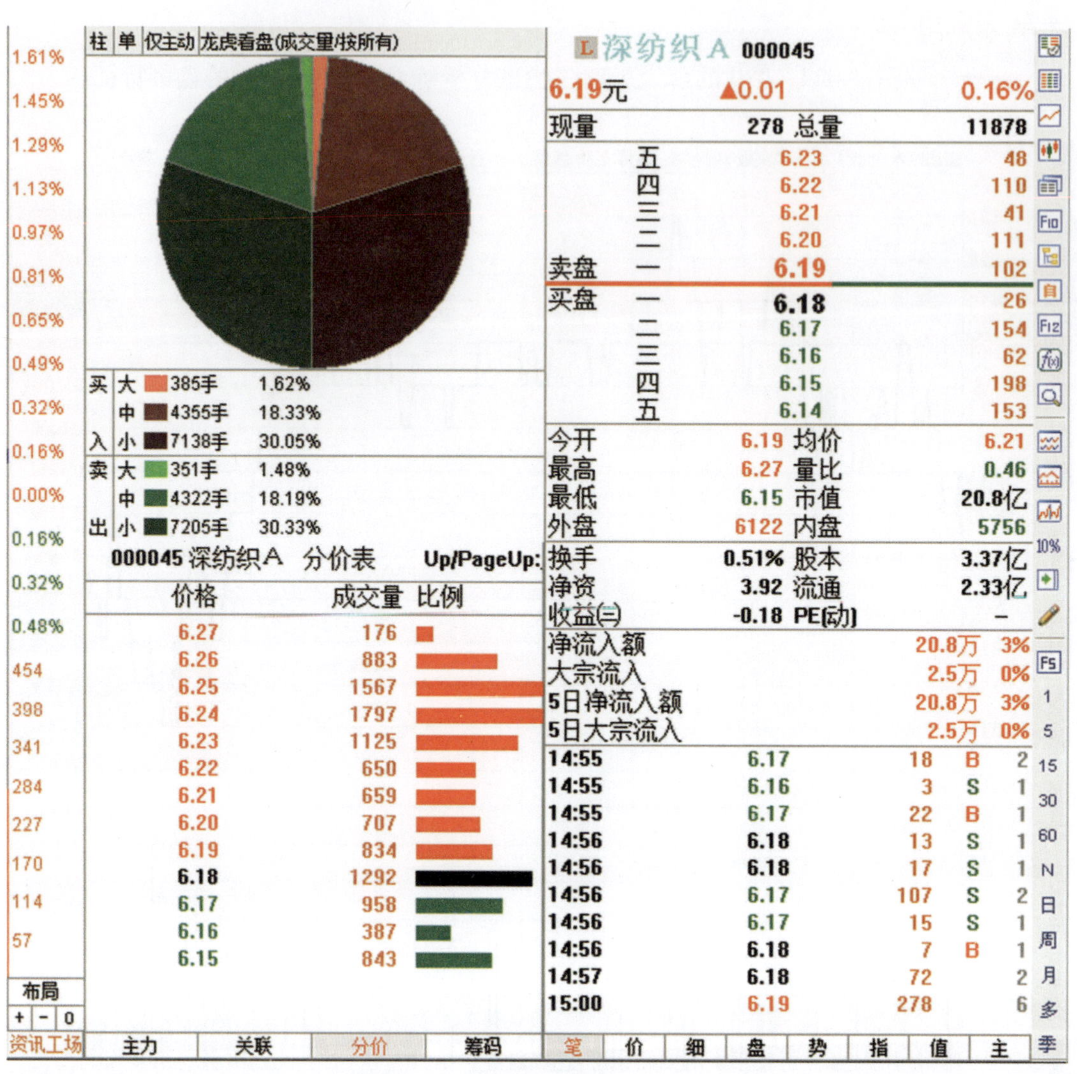

练习图 030

请各位参加实训的操盘手把实训练习题答案写在下边，存档备查：

________年______月______日 星期______ 实训操盘手：________

（1）________________________

（2）________________________

（3）________________________

（4）________________________

盘口技术实训第 031 讲

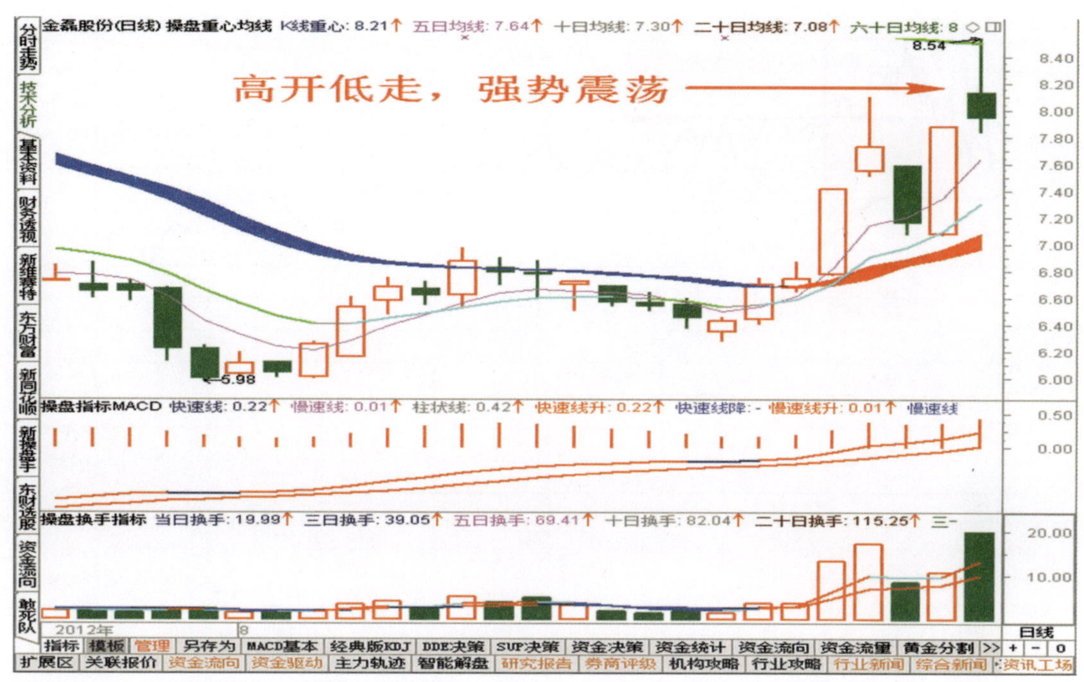

图谱 031　除权股利用空间位置相对高位高开低走出货日线走势图谱

图谱 031 解说

（一）从空间位置来说，这是除权股，表面上来看貌似位置不高，实际上并不低。如果看不出其中的玄机，可以复权来看。在空间位置相对高位出现放量高开低走，属于出货。

（二）从 K 线形态来说，属于比较典型的靶型线，比较长的上影线说明抛压比较大。上影线部分带有比较大的成交量，说明主力减仓的迹象很明显。而收盘价位于前边大阳线的上方，说明主力刻意画线，诱使一部分人以为是乌云盖顶，从而错判形势。

（三）从均线系统来说，短期均线系统 5 日均线、10 日均线和 20 日均线呈现为非常典型的多头排列趋势，从小到大依次排列，秩序井然。中期均线 60 日均线有走平的迹象。从整个均线系统来看，支持股价进一步拉升。整理之后，短期继续看涨。

（四）从操盘指标来说，MACD 零轴上翻红，红柱比较短，延伸的迹象不明显。说明股价还没有进入加速拉升的阶段，需要进一步整固，才可能进入主升行情。

（五）从成交量能来说，当日成交量比较大，是近来一段时间的最大量，说明短线客跑了不少。抛压比较大，接下来需要进一步整理，消化获利盘。

日线走势图分析结论：短期内处于强势中，谨慎持股，滚动操作。

盘口技术实训第 032 讲

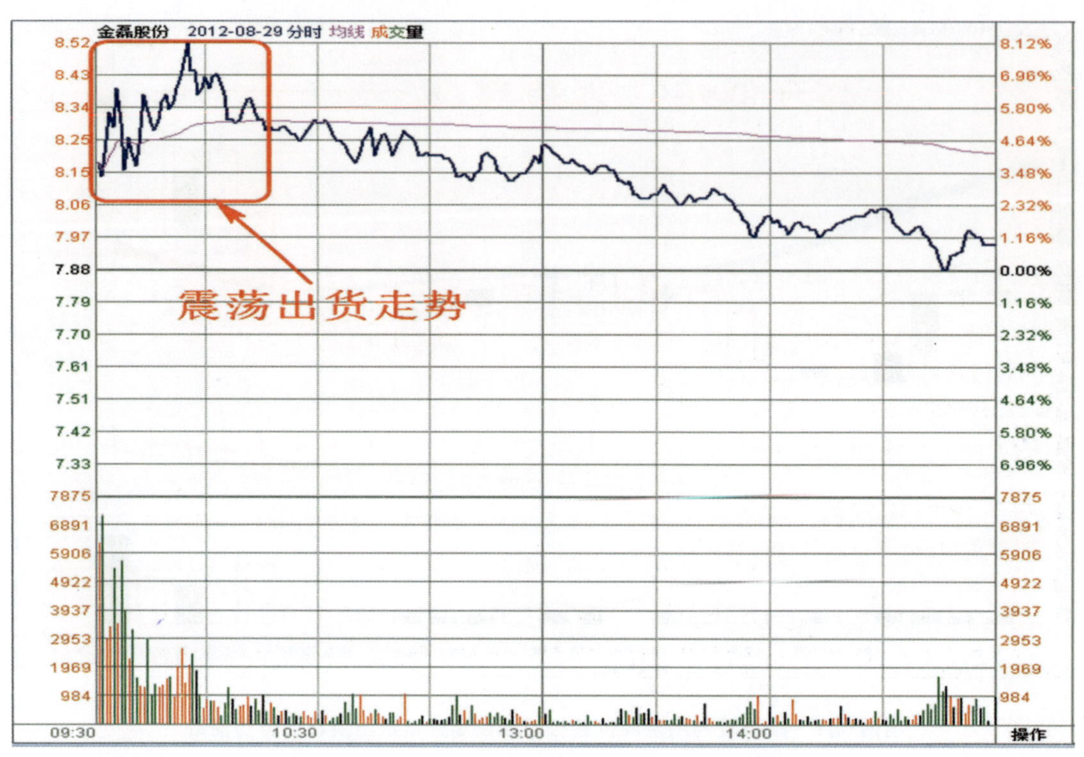

图谱 032 早盘第一时间段快速出货盘口走势图谱

图谱 032 解说

（一）集合竞价时间段股价大幅度高开，开盘量 1580 手，对于流通盘只有 5000 万股的小盘股来说，算是巨量高开了。这样的开盘方式开盘后如果不能上攻涨停，就会构成压力。

（二）开盘后，股价小幅度上攻，立即遭遇了强大的抛盘，成交量急剧放大，早盘第一时间段的波形凌乱，量峰更是凌乱不堪。很显然阶段性减仓的迹象很明显。

（三）从第二时间段开始出现了常见的回头盘跌走势，低点不断下移。

实盘训练的时候，职业操盘手的操盘决策如下：

（一）早盘巨量高开而不能放量上攻，反而出现波形杂乱、量峰凌乱的盘口走势，说明主力减仓心切，并不顾及图形是否难看。这时候需要立即减仓，规避风险。

（二）第二时间段向下击穿均价线，再也无力收回，短线客要坚决出局。其他投资者也要大幅度降低仓位，等下一个交易日出现快速下行的时候，再找机会回补。

课堂实训练习 16

结合实训图谱 031、032 的解说思路，尝试分析练习图 031、032 的盘口特征。

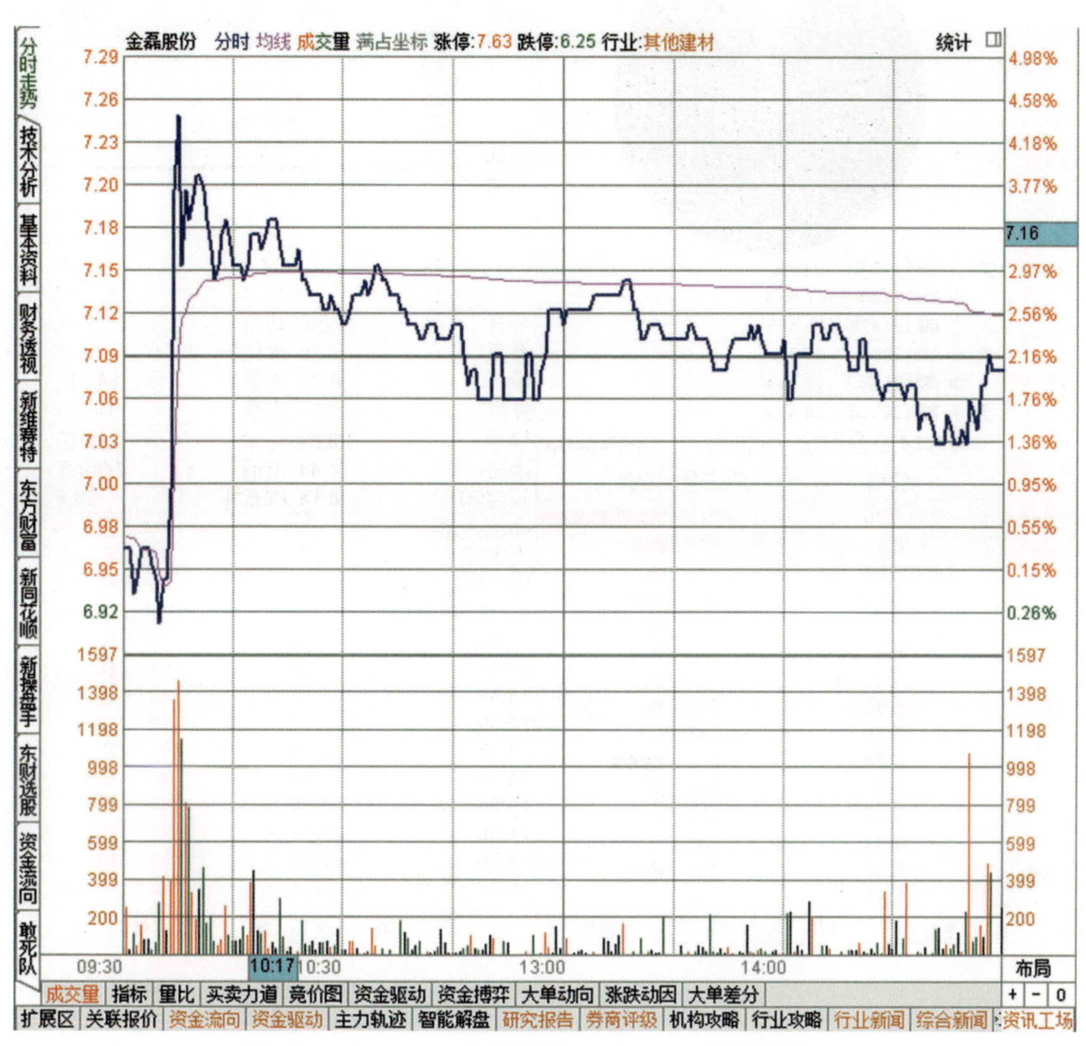

练习图 031

请各位参加实训的操盘手把实训练习题答案写在下边，存档备查：

____________年______月______日 星期______ 实训操盘手：__________

（1）____

（2）____

（3）____

（4）____

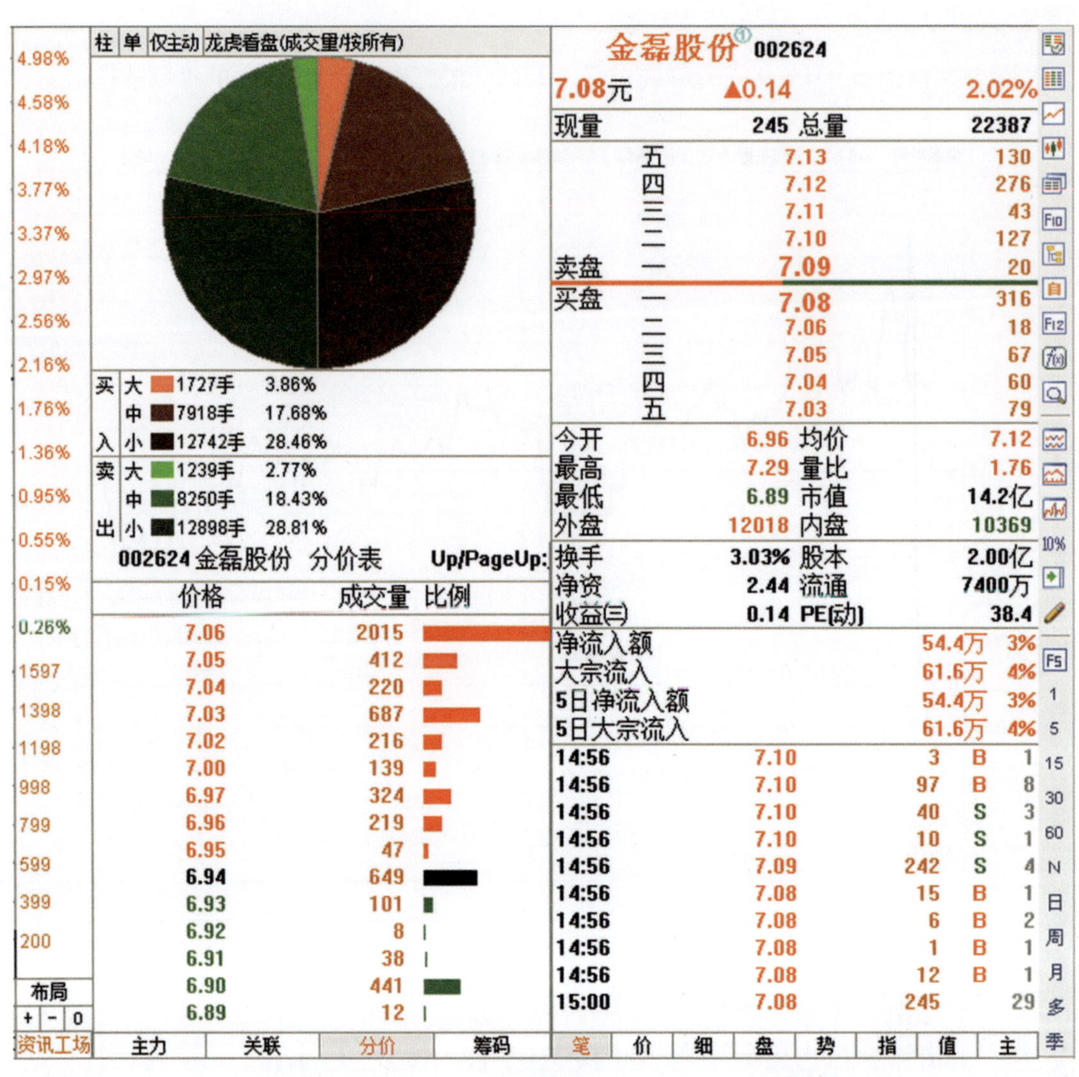

练习图 032

请各位参加实训的操盘手把实训练习题答案写在下边，存档备查：

______年______月______日 星期______ 实训操盘手：______

（1）______

（2）______

（3）______

（4）______

盘口技术实训第 033 讲

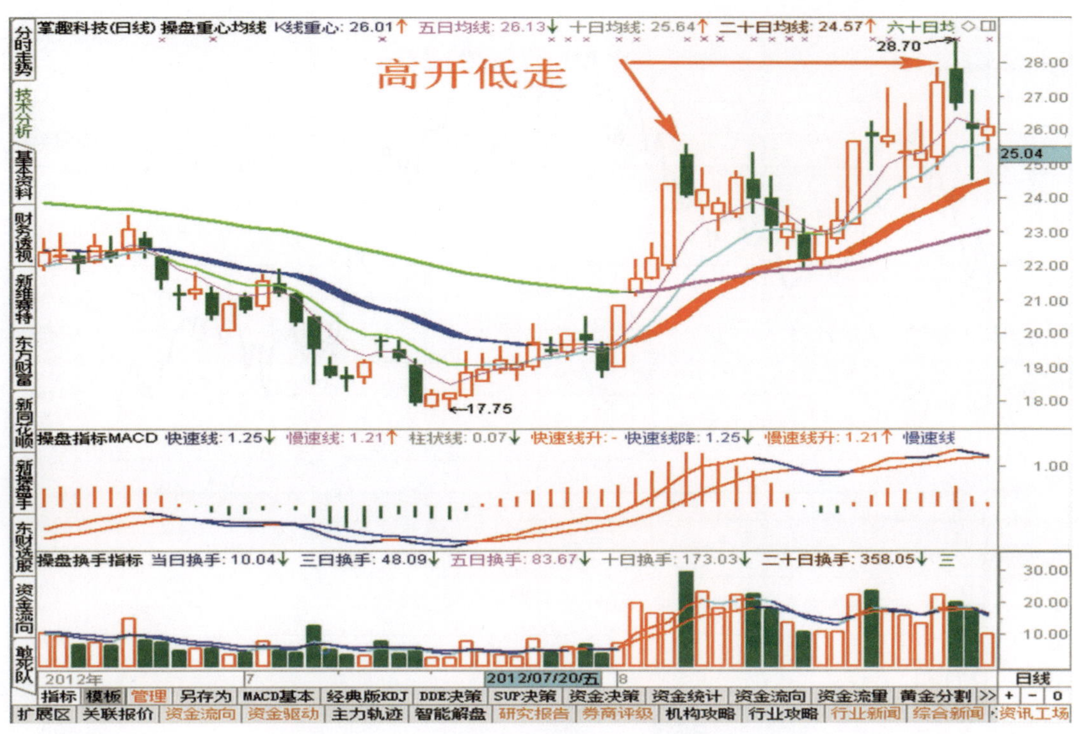

图谱 033 触发抛盘高开低走日线走势图谱

图谱 033 解说

（一）从空间位置来说，创出上市以来的新高之后，已经处于空间位置的相对高位，从低点起步一路拉升，沉淀了不少获利盘，抛压比较大。

（二）从 K 线形态来说，当天高开低走，形成带有上下影线的中阴线，上影线比较长，而且带有比较大的成交量，说明上方的抛压比较大。从 K 线组合来说，属于乌云盖顶形态，预示着股价短期内需要进一步整理。

（三）从均线系统来说，短期均线系统 5 日均线、10 日均线和 20 日均线已经向上发散，形成比较显著的多头排列趋势，但内部结构有些凌乱，需要协调。

（四）从操盘指标来说，MACD 零轴上近期将死未死，再度出现红柱延伸的态势。说明股价进一步整理之后，还会继续向上拉升。

（五）从成交量能来说，全天的成交量略小于前一天，说明虽然有阶段性减仓动作，但并没有大规模出货，筹码的稳定性还属于良性阶段。

日线走势图分析结论：当前走势处于正常整理阶段，未来走势还不至于悲观。

盘口技术实训第 034 讲

图谱 034　高开低走阶段性出货盘口走势图谱

图谱 034 解说

（一）集合竞价时间段股价小幅度巨量高开，开盘量达到 1887 手，当前股价位置出现如此巨量高开，如果不能强势上攻，那么就会形成反压，压制股价上升，从而出现多翻空走势，高开低走就会成为现实。临盘实战的时候要特别警惕这一点。

（二）早盘第一时间段选择先下跌再拉升的操盘手法，拉升力度不强，说明主力当天已经无心强攻，午盘之后出现快速回头跳水的方式甩卖筹码，更是凶相毕露。

实盘训练的时候，职业操盘手的操盘决策如下：

（一）早盘先下后上拉升乏力，开始分批减仓。第四时间段出现明显的背离走势，要立即大规模减仓，甚至全部抛出，静待低点出现后再买回来。

（二）午盘杀跌时候，尾盘出现短暂的止跌迹象。在股价不再创新低的时候，开始重新进场，买回部分筹码，为下一日的滚动操作打好底仓。

（三）因为该股具有良好的市场预期，成长良好，可以适当留部分底仓过夜，滚动操作。因此当天高抛之后，选择尾盘低点适当买进。

课堂实训练习 17

结合实训图谱 033、034 的解说思路，尝试分析练习图 033、034 的盘口特征。

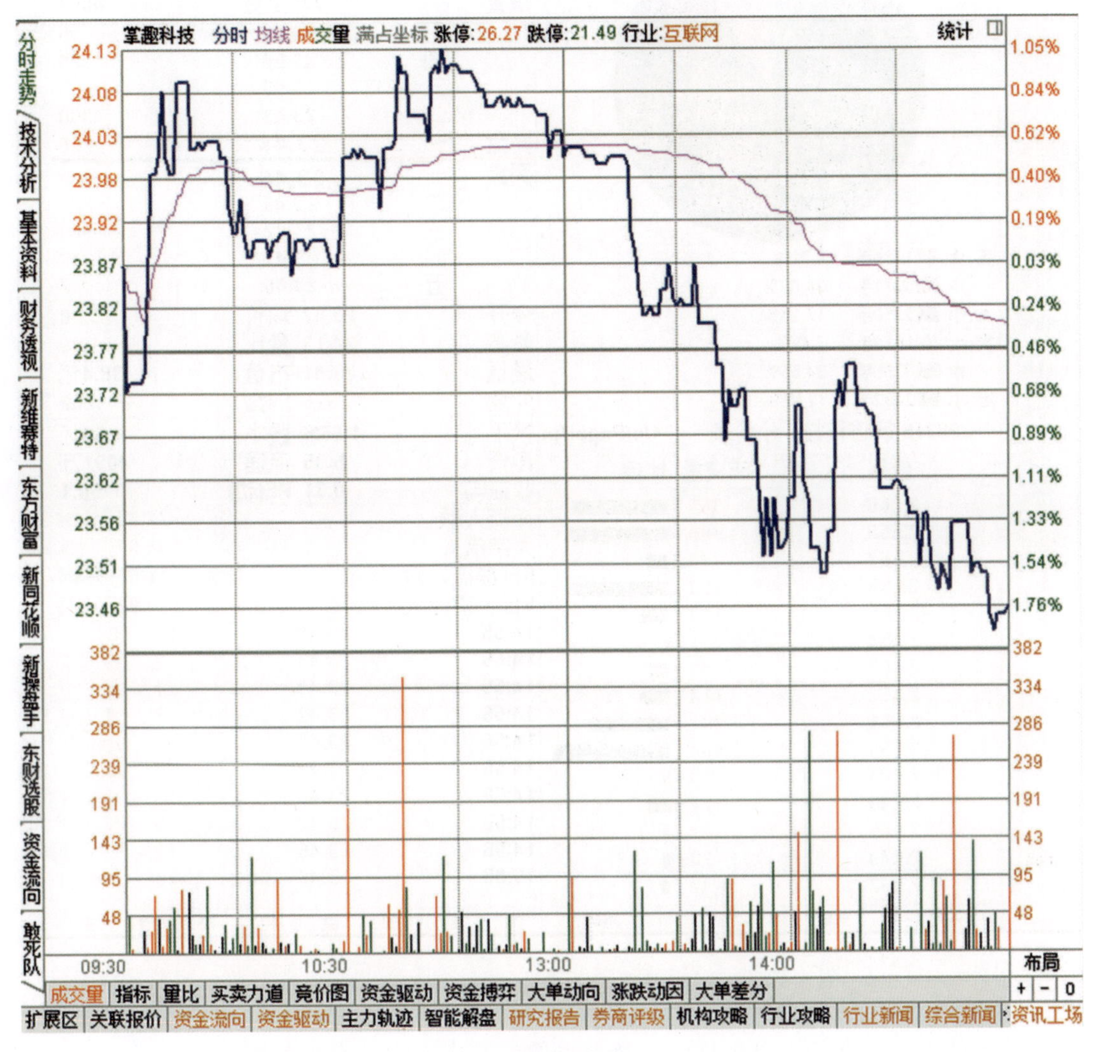

练习图 033

请各位参加实训的操盘手把实训练习题答案写在下边，存档备查：

______年______月______日　星期______　实训操盘手：__________

(1) ____________________

(2) ____________________

(3) ____________________

(4) ____________________

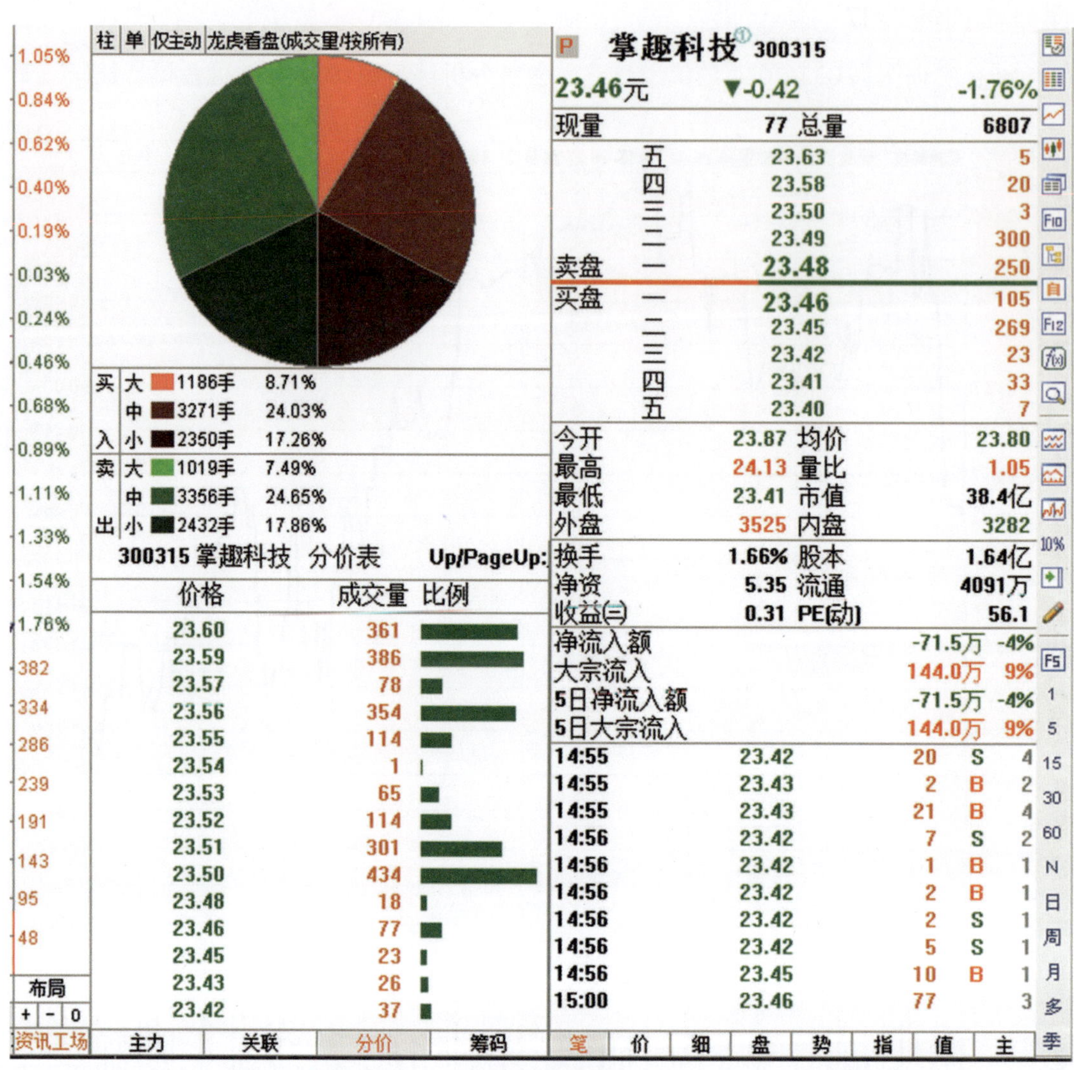

练习图 034

请各位参加实训的操盘手把实训练习题答案写在下边，存档备查：

________年______月______日　星期______ 实训操盘手：________

(1) ________________________________

(2) ________________________________

(3) ________________________________

(4) ________________________________

盘口技术实训第 035 讲

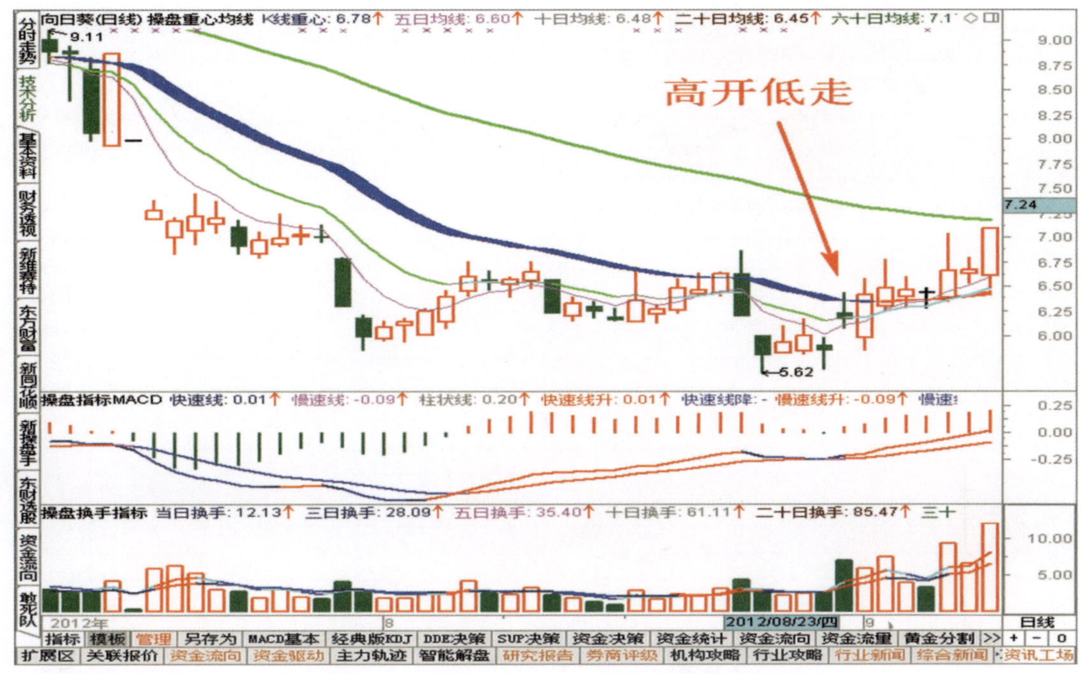

图谱 035　空间位置低位区域日线走势图谱

图谱 035 解说

（一）从空间位置来说，当前股价已经处于低位区域，主力反复砸盘之后，股价早已跌入谷底。如果基本面没有什么问题的话，那么这样的走势就纯属恶劣砸盘，骗取筹码。

（二）从 K 线形态来说，属于高开低走的阴十字星，出现在空间位置的低位，很显然属于恐吓性走势，带有欺骗的成分，目的在于恐吓散户，迫使他们离开。

（三）从均线系统来说，所有的短期均线和中期均线都呈现为空头排列，因此此时还属于寻底阶段。但是 K 线却出现了小型双针探底的特征，说明有资金在这里悄悄干活。

（四）从操盘指标来说，MACD 早已经在零轴之下金叉，虽然还没浮出水面，但是二次向下的迹象不明显，拐头朝上的态势却很突出。

（五）从成交量能来说，急剧放大，量比达到 2．38，说明当天主力投入了很多资金积极操纵股价。如此巨大的成交量是被谁吃进去了？临盘实战的时候，要认真考虑这个问题。

日线走势图分析结论：列为自选股，跟踪分析，暂时不要买进。

盘口技术实训第 036 讲

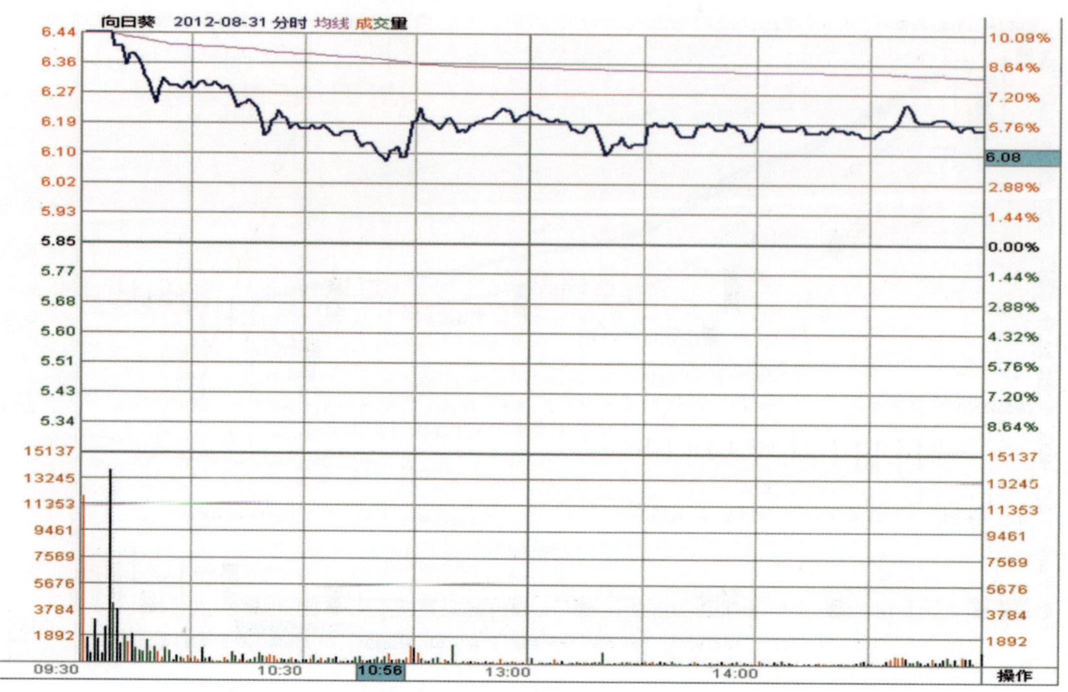

图谱 036　空间位置低位出现早盘第一时间段涨停板打开盘口走势图谱

图谱 036 解说

（一）集合竞价时间段大幅度高开，开盘量达到 2072 手，属于常见的巨量高开。

（二）在早盘第一时间段，股价大幅高开一波快速攻击涨停，随后成交量突然放大，涨停板被打开，一路回落，再也无力攻击涨停板。这种开盘定式出现时，股价在当日冲高逐级回落的概率在 90% 以上，而尾盘封住涨停的概率很小，几乎没有。从盘口上看，除了早盘巨量成交之外，主力在主动性买卖盘口并未挂大单，既不护盘，也不砸盘，任由股价飘零而下。如此走势即表明该股为长庄控盘品种。

实盘训练的时候，职业操盘手的操盘决策如下：

（一）因为该股的基本面不是很好，当日高开低走但实际上属于大涨的假阴线，说明这样的走势存在猫腻，至于是什么，无从得知。因此，临盘以观望为宜。如果次日继续震荡盘升，盘中出现快速下挫回补缺口的走势，则可以在缺口附近短线买进。

（二）如果第二天该股跌停开盘，那么刻意诱空的可能性达 90% 以上，临盘可以在跌停板位置短线排队抢进。如果大盘环境比较健康，当天从跌停拉到涨停的可能性很大。

课堂实训练习 18

结合实训图谱 035、036 的解说思路，尝试分析练习图 035、036 的盘口特征。

练习图 035

请各位参加实训的操盘手把实训练习题答案写在下边，存档备查：

____________年______月______日　星期______ 实训操盘手：__________

（1）____

（2）____

（3）____

（4）____

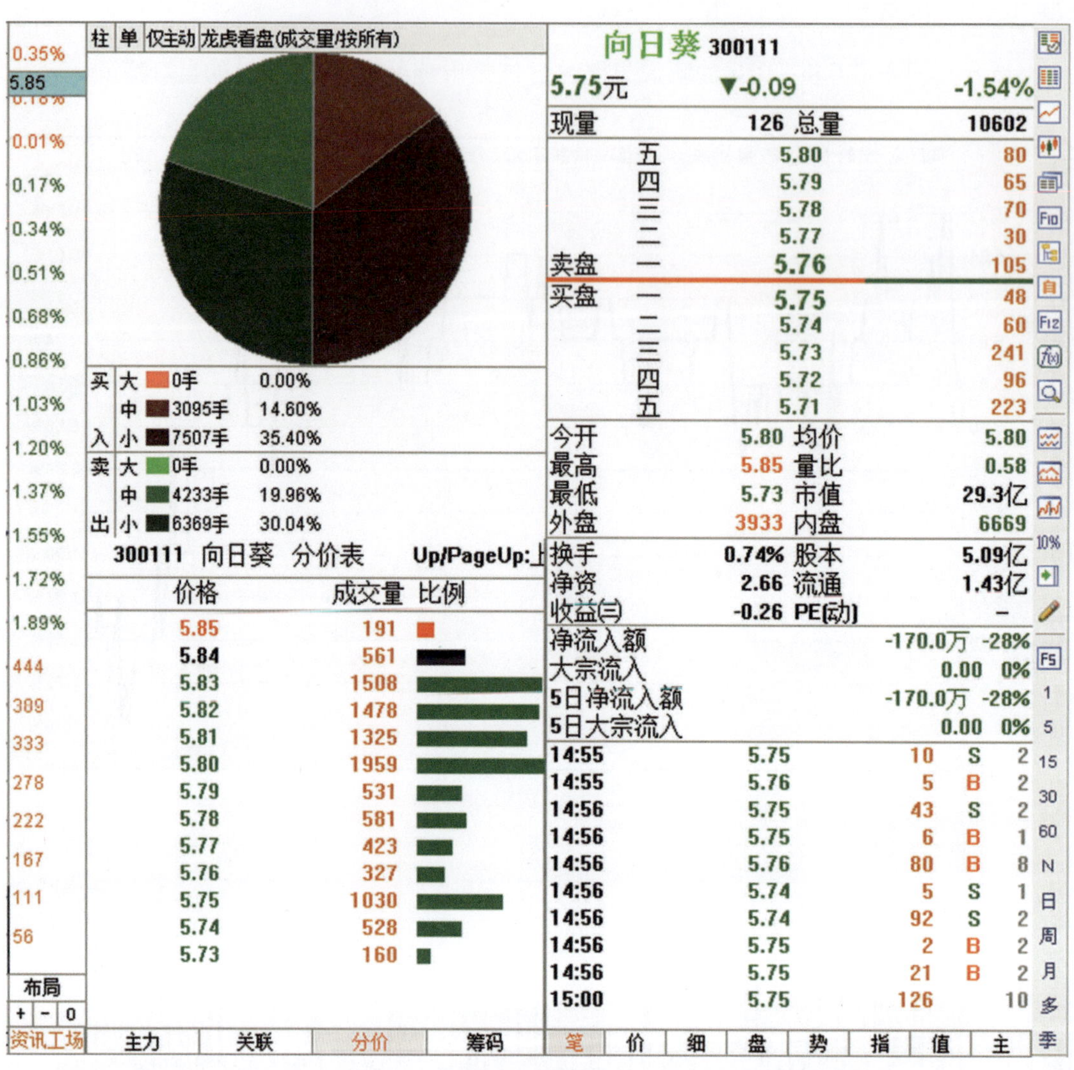

练习图 036

请各位参加实训的操盘手把实训练习题答案写在下边，存档备查：

________年______月______日　星期______ 实训操盘手：________

（1）________________________

（2）________________________

（3）________________________

（4）________________________

盘口技术实训第 037 讲

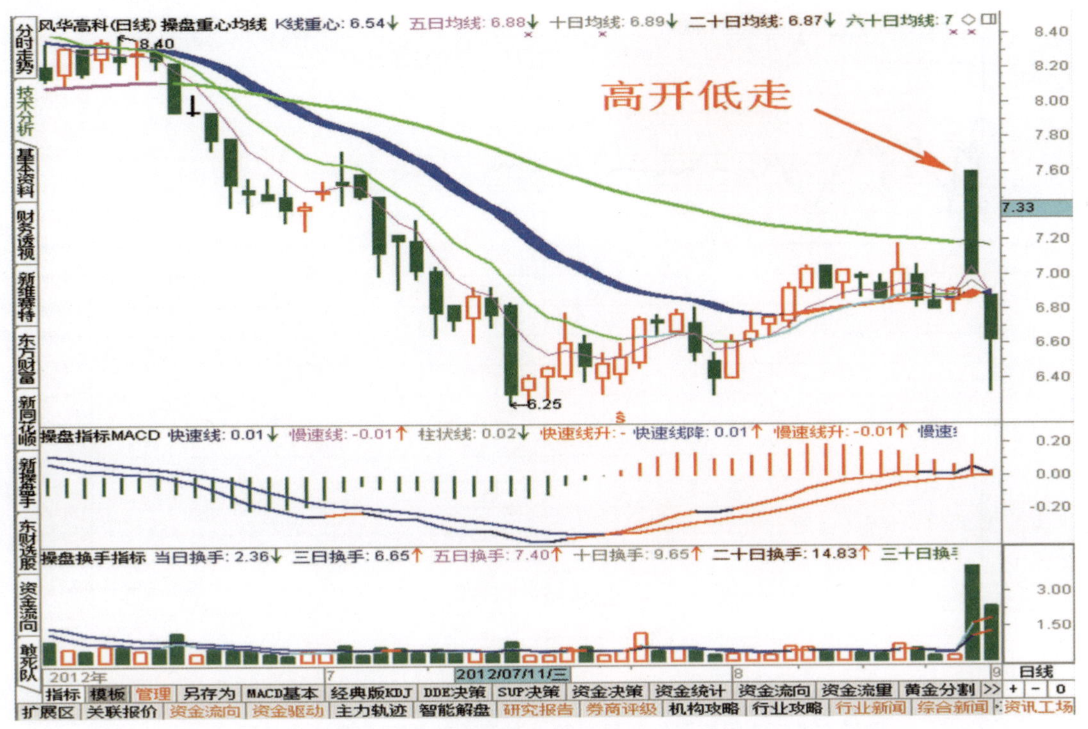

图谱 037　空间位置低位高开低走日线走势图谱

图谱 037 解说

（一）从空间位置来说，当前股价处于近期以来的相对低位，经过前期的反复吸筹之后，已经积聚了不少的上升动能，阶段性底部构筑的比较扎实，向上突破的意图明显。

（二）从 K 线形态来说，这是一根不同寻常的带量大阴线，股价高开低走，释放出近期的天量，貌似主力出货，实际上是恐吓散户，达到既洗盘又吸筹的目的。

（三）从均线系统来说，短期均线系统 5 日均线和 10 日均线呈现为缠绕状态，而 20 日均线已经在低位走平，支撑着股价向上拓展空间。当天股价以涨停价的方式高开，直接穿越中期均线 60 日均线，但是没有能够站稳，而是高开低走，收出一根大阴线。

（四）从操盘指标来说，经典 KDJ 指标的三条线都向下延伸，说明股价还没站稳，需要向下整理。MACD 指标零轴上的红柱有缩短的迹象，意味着接下来的走势很微妙。

（五）从成交量能来说，高开低走，早盘第一时间段释放出巨大的成交量。随后下行的过程中波动微小，成交低迷。说明主力早盘已经大幅度减仓，准备低位回补。

日线走势图分析结论：暂时保持观望，等待下一个交易日出现急挫的时候再进场。

盘口技术实训第 038 讲

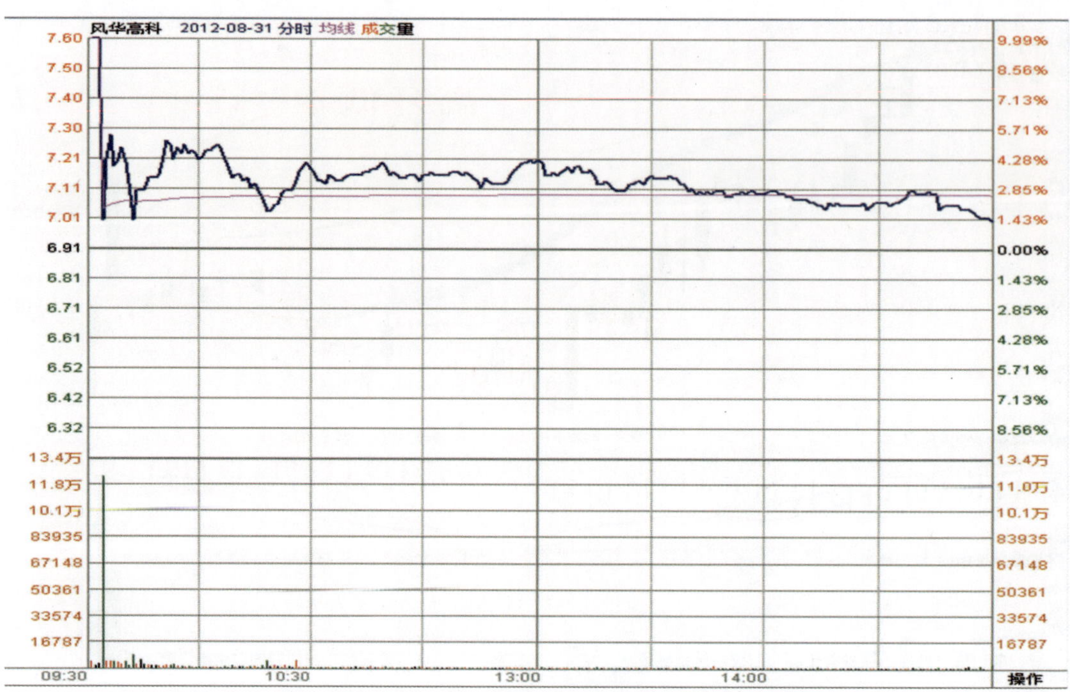

图谱 038　空间位置低位早盘第一时间段放量砸盘盘口走势图谱

图谱 038 解说

（一）集合竞价时间段直接以一字板的方式涨停价开盘，开盘量达到 2027 手。出现这样的开盘定式，由于封单比较小，如果开盘后第一时间段封单不能大幅度增加，那么当天打开涨停板的概率达到 90% 以上。这时候追涨的风险极大。

（二）早盘第一时间段果然没有出现巨量大封单，随后涨停板被大单打开，瞬间成交 12．4 万手，释放出全天的巨量。很显然这是一笔对敲大单，对敲的意图非常明显，就是要在这个位置上做出放量出逃的假象，达到清洗浮筹的目的。

实盘训练的时候，职业操盘手的操盘决策如下：

（一）如果该股当日早盘第一时间段涨停后不被打开，则次日震荡盘升的可能性达 60% 以上，短线在股价涨停时开板后逢低买进。但是早盘第一时间段却是快速开板，因此当天不宜介入，最佳策略是保持观望，下一个交易日再考虑进场。

（二）该股当天开板之后，再也没有出现上攻的意图，这是明显的示弱。出现这样的走势，次日持续震荡下行继续洗盘的可能性达 60% 以上，因此临盘可以耐心等待次日股价盘中震荡出现快速下挫时逢低抢进。这样的走势一定不要追高买入。

课堂实训练习 19

结合实训图谱 037、038 的解说思路，尝试分析练习图 037、038 的盘口特征。

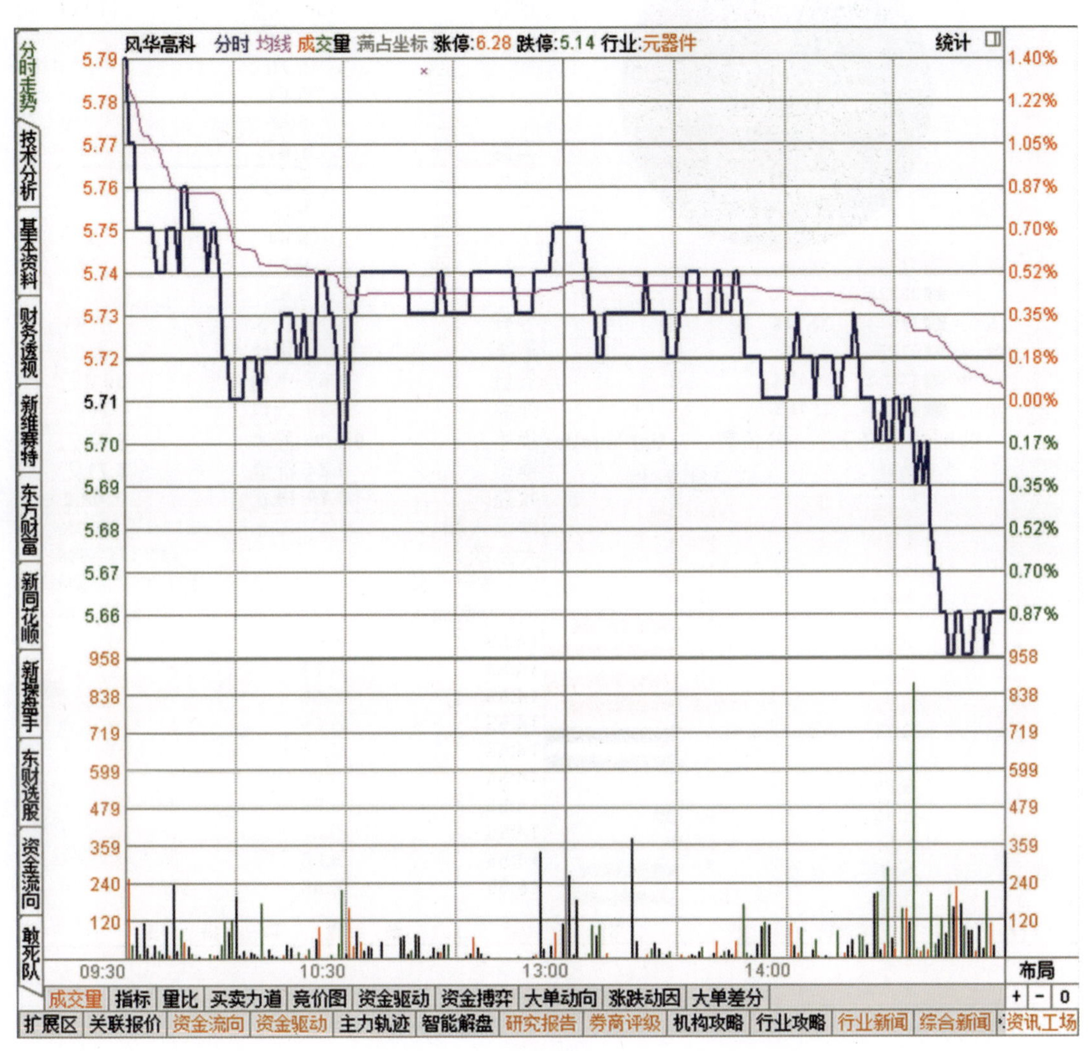

练习图 037

请各位参加实训的操盘手把实训练习题答案写在下边，存档备查：

________年____月____日　星期____ 实训操盘手：______

(1) ____________________

(2) ____________________

(3) ____________________

(4) ____________________

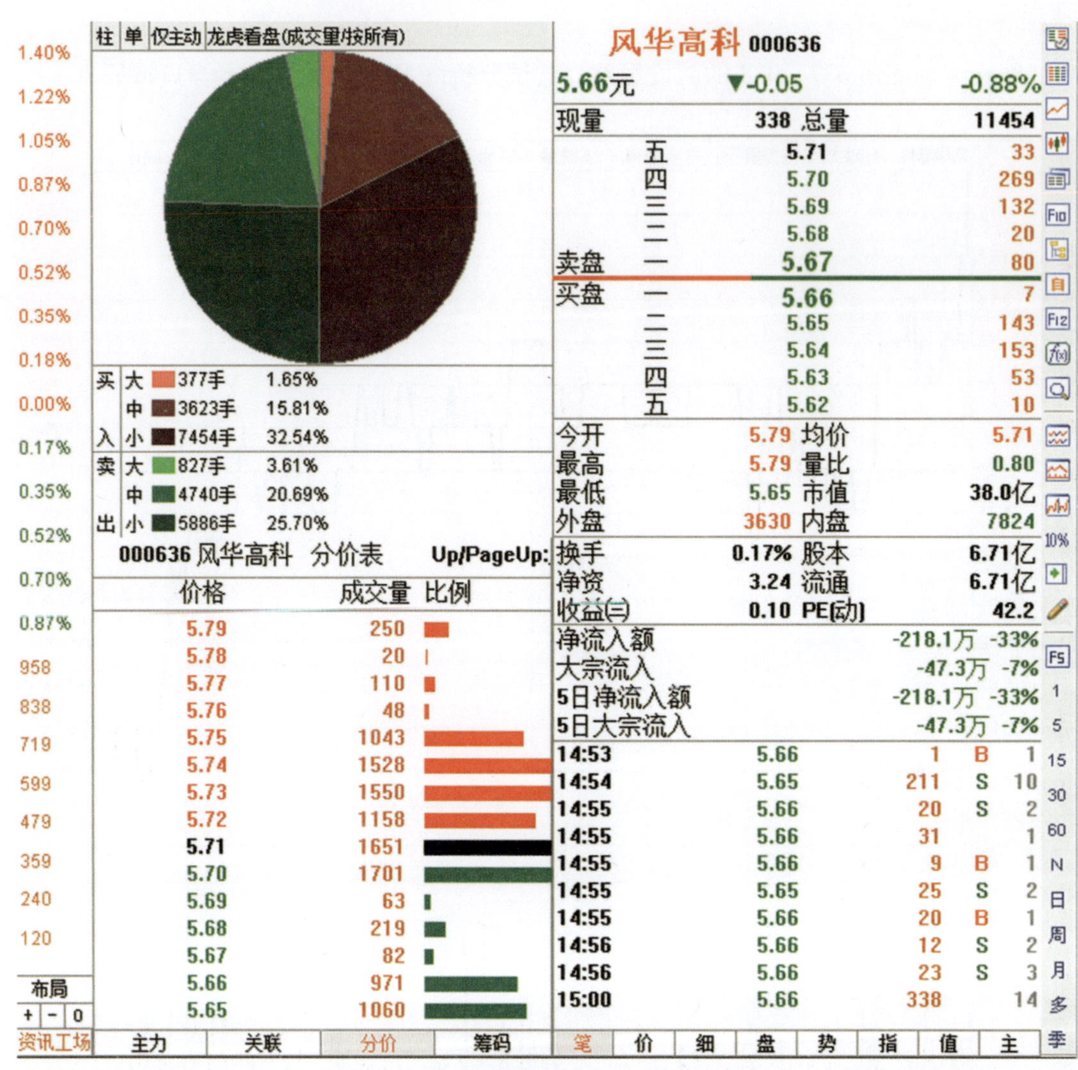

练习图 038

请各位参加实训的操盘手把实训练习题答案写在下边，存档备查：

________年______月______日　星期______　实训操盘手：________

（1）________________________

（2）________________________

（3）________________________

（4）________________________

盘口技术实训第 039 讲

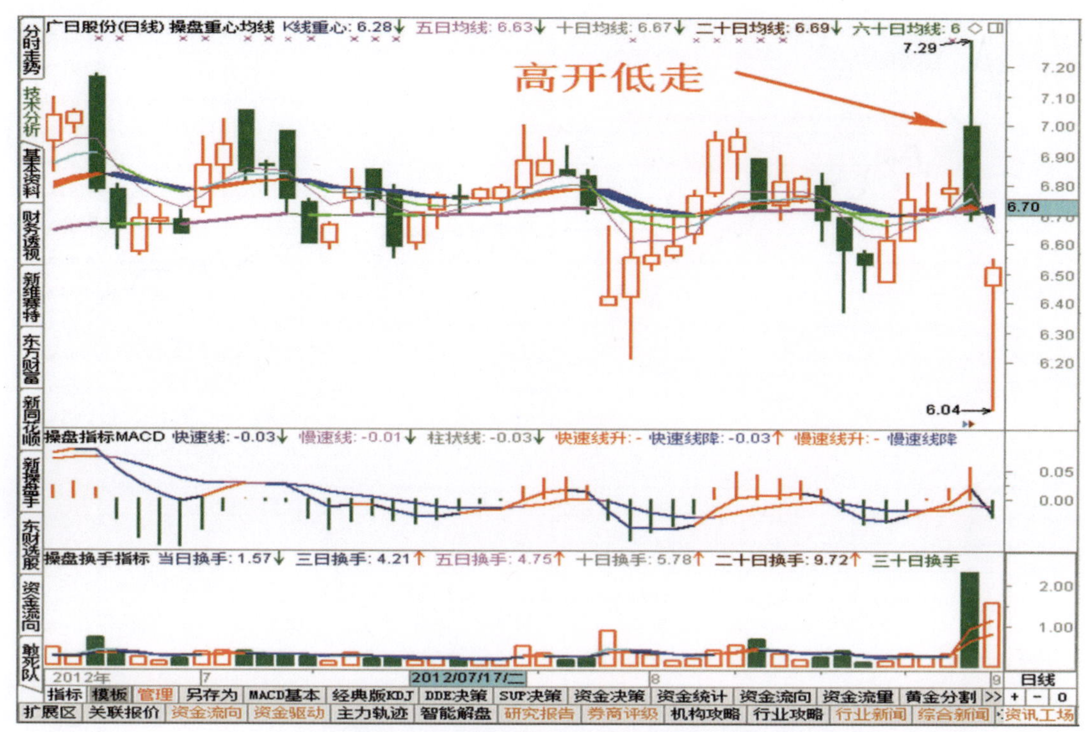

图谱 039　高开低走滚动套利日线走势图谱

图谱 039 解说

（一）从空间位置来说，当前股价处于相对高位，股价经过大幅度的拉升之后出现横盘走势，反复震荡，以小波段的形式滚动套利，完成出货。因此，像这样的走势当天只宜观望，不能追高买入，否则就会被套住，痛苦几天才可能解套。

（二）从 K 线形态来说，属于非常典型的高开低走长上影线大靶型线，是主力阶段性滚动套利特有的 K 线形态。这种 K 线出现的时候，突破是假，套利是真。

（三）从均线系统来说，中期均线 60 日均线呈现为比较坚挺的上行态势，但是短期均线 5 日均线、10 日均线却是上下缠绕，凌乱不堪。这是横盘滚动出货走势的特征。

（四）从操盘指标来说，经典 MACD 指标此时已经钝化，趋势不明。而 KDJ 指标也呈现出小循环的方式，上下交叉。这时候可以观察 J 值的变化，当 J 值临近负数时，可以考虑适当建仓，小波段操作。

（五）从成交量能来说，呈现出间隔性放量的特征。

日线走势图分析结论：可以参照日线图的箱型走势，高抛低吸。

盘口技术实训第 040 讲

图谱 040　高开低走早盘第一时间段出货盘口走势图谱

图谱 040 解说

（一）集合竞价时间段以非常夸张的巨量大幅度高开，开盘量达到 12712 手，属于虚张声势的开盘方式。如果早盘第一时间段不能够快速涨停，必然演绎为高开低走大阴线。

（二）早盘第一时间段出现了两小波缓慢拉升，成交量却是很微小。很明显主力根本就无心做多。随后马上出现背离走势，回头波杀出来，之后快速击穿均价线，一路盘跌。

实盘训练的时候，职业操盘手的操盘决策如下：

（一）该股当日集合竞价时间段大涨，开盘之后虽然略有上攻却不能放量涨停，属非常危险的信号，此时要立即大规模减仓，规避风险。这样的走势次日震荡盘跌的可能性达 70% 以上，因此先高抛大部分筹码，在股价回调到位时才考虑继续买进。

（二）如果早盘来不及减仓，可以在第一次击穿均价线之后无力上攻时，大量减仓。

课堂实训练习 20

结合实训图谱 039、040 的解说思路，尝试分析练习图 039、040 的盘口特征。

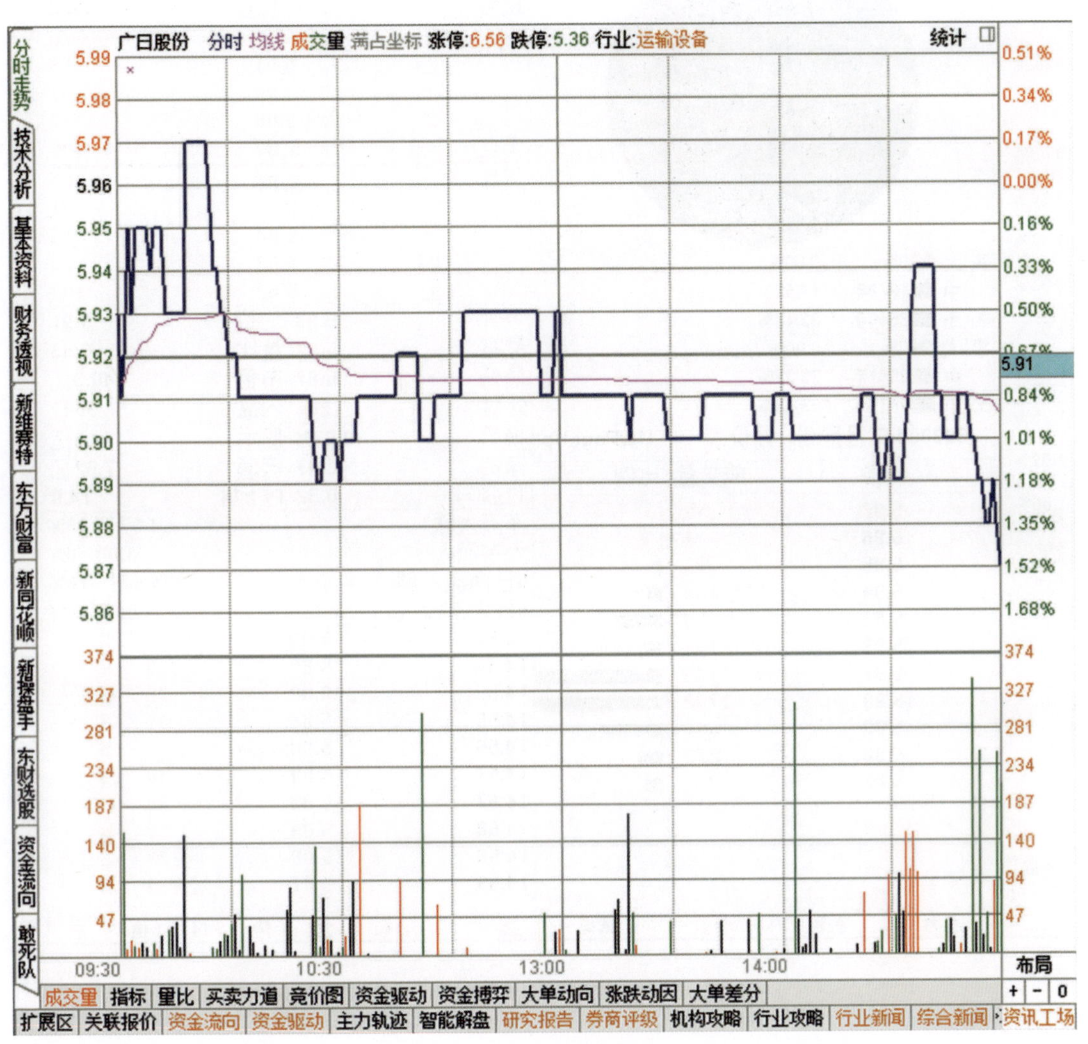

练习图 039

请各位参加实训的操盘手把实训练习题答案写在下边，存档备查：

__________年______月______日　星期______ 实训操盘手：__________

（1）____

（2）____

（3）____

（4）____

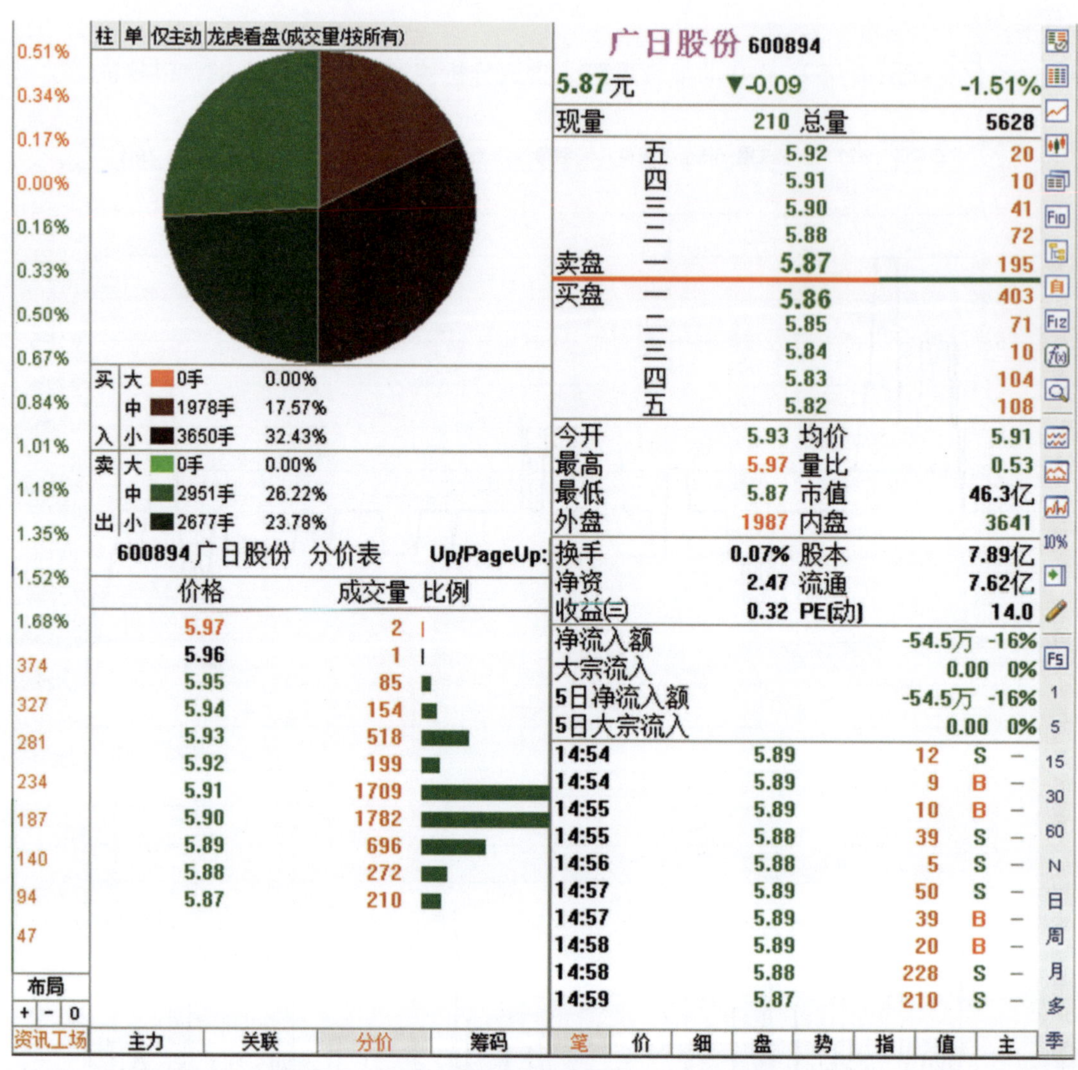

练习图 040

请各位参加实训的操盘手把实训练习题答案写在下边，存档备查：

__________年______月______日　星期______ 实训操盘手：__________

（1）____

（2）____

（3）____

（4）____

盘口技术实训第 041 讲

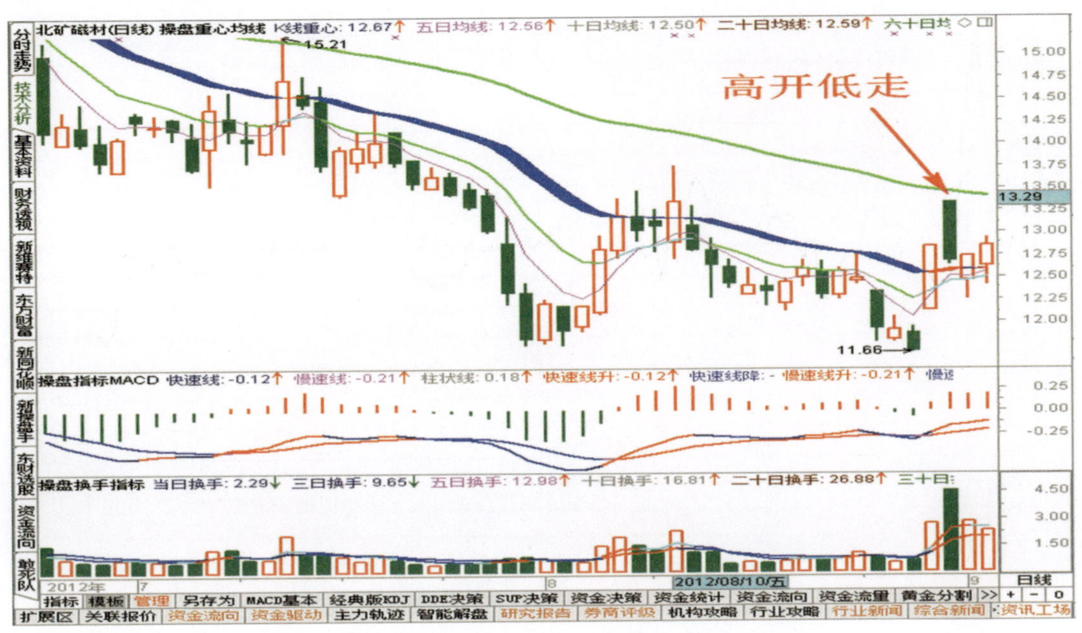

图谱 041 关键技术点位附近高开低走日线走势图谱

图谱 041 解说

（一）从空间位置来说，当前股价处于相对高位，经过前一个交易日的拉升之后，短线炒作的游资已经具有获利空间。此时需要特别警惕。当前市场环境变了，参与炒作的各路主力都是以短炒为主，一旦有小小盈利空间，就开始跑路。因此不宜追高买入。

（二）从 K 线形态来说，这是非常典型的乌云盖顶 K 线组合，这样的 K 线组合出现在空间位置的低位，是参与炒作的游资短线套利的主要特征。

（三）从均线系统来说，经过前一个交易日拉涨停之后，短期均线 5 日均线、10 日均线和 20 日均线都出现了转化为走平的迹象。而中期均线 60 日均线却是悬在头上，压制着股价。此时除非主力强行拉升，放量突破 60 日均线压制，否则股价还将继续整理。

（四）从操盘指标来说，MACD 指标零轴下金叉之后开始翻红，有向上延伸的态势。

（五）从成交量能来说，高开低走，成交量放大比较明显，说明这个位置抛压较大。

日线走势图分析结论：高抛为主，或者持币观望，不要追高买进。

盘口技术实训第 042 讲

图谱 042 早盘第一时间段减仓盘口走势图谱

图谱 042 解说

（一）集合竞价时间段股价以比较大的幅度高开，开盘量达到 2026 手。这是悬在半空的开盘方式，非常微妙，可上可下。从实战经验来看，如果早盘向下，则是衰败之象。

（二）早盘第一时间段直接下挫，反抽的时候显示出量能严重不足，连第一个高点也过不去，就拐头向下，随后向下滑行，急速下跌。这是主力竞相出货的特征。早盘第一时间段明显发现盘口有巨量卖盘压低出货，快速回调后无力创新高，均价线压低向下，打压力度较强，这种开盘定式出现时，股价在当日出现大跌的概率达到 90% 以上。股价压低创新低时有量，而反弹无量，此为主力盘中抛筹出货的经典定式。

实盘训练的时候，职业操盘手的操盘决策如下：

（一）该股当日早盘急速下挫时，要趁着反抽的时候大量减仓。因为大跌之后次日震荡盘跌的可能性达 80% 以上，所以当天卖出之后，保持观望。

（二）如果早盘来不及卖出，可以在盘中上拉时选择高点抛出。该股当天收盘时微量，风险释放不充分，次日持续震荡盘跌创新低的可能性达 80% 以上。

课堂实训练习 21

结合实训图谱 041、042 的解说思路，尝试分析练习图 041、042 的盘口特征。

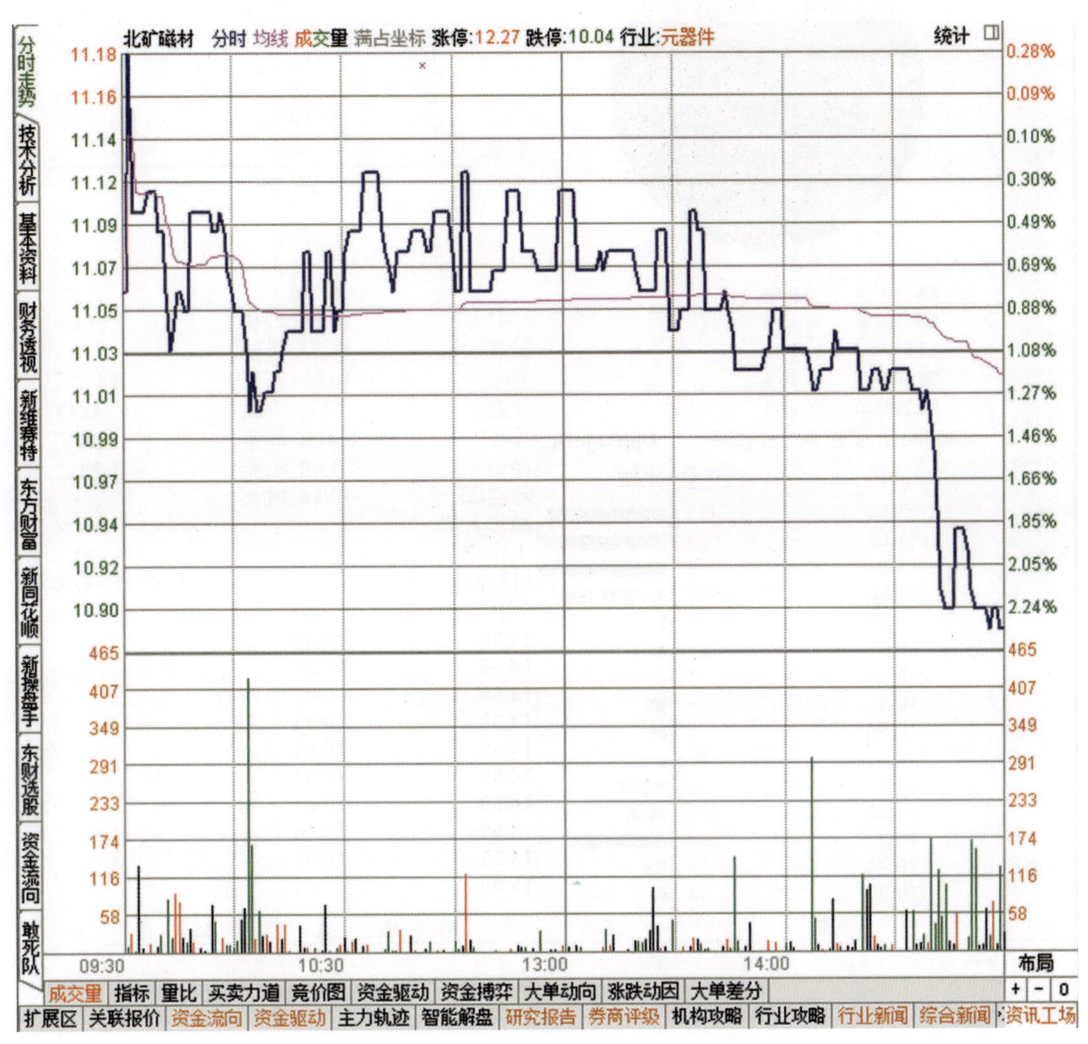

练习图 041

请各位参加实训的操盘手把实训练习题答案写在下边，存档备查：

__________年______月______日　星期______ 实训操盘手：__________

（1）______________________________

（2）______________________________

（3）______________________________

（4）______________________________

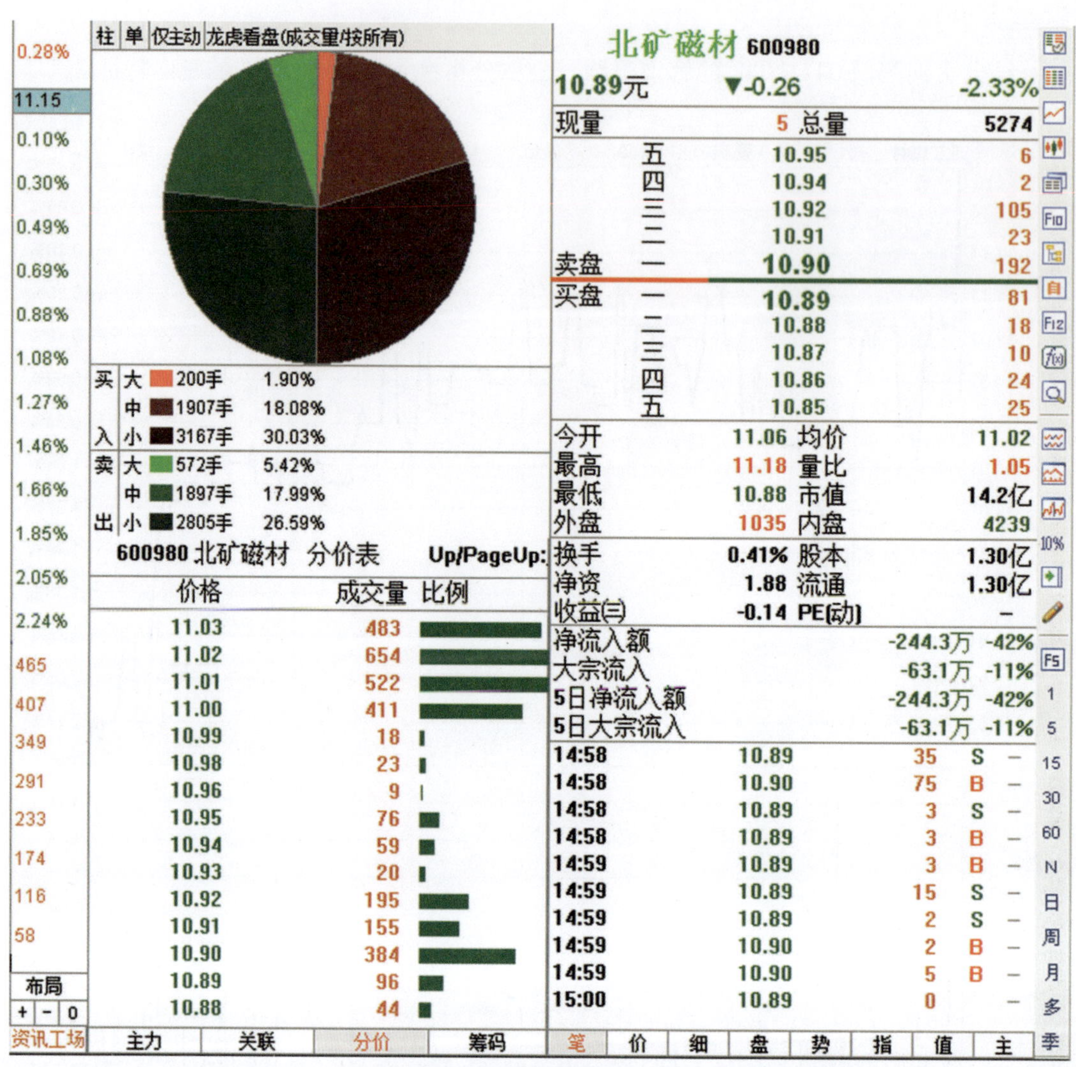

练习图 042

请各位参加实训的操盘手把实训练习题答案写在下边，存档备查：

____________年______月______日　星期______ 实训操盘手：__________

（1）____

（2）____

（3）____

（4）____

盘口技术实训第 043 讲

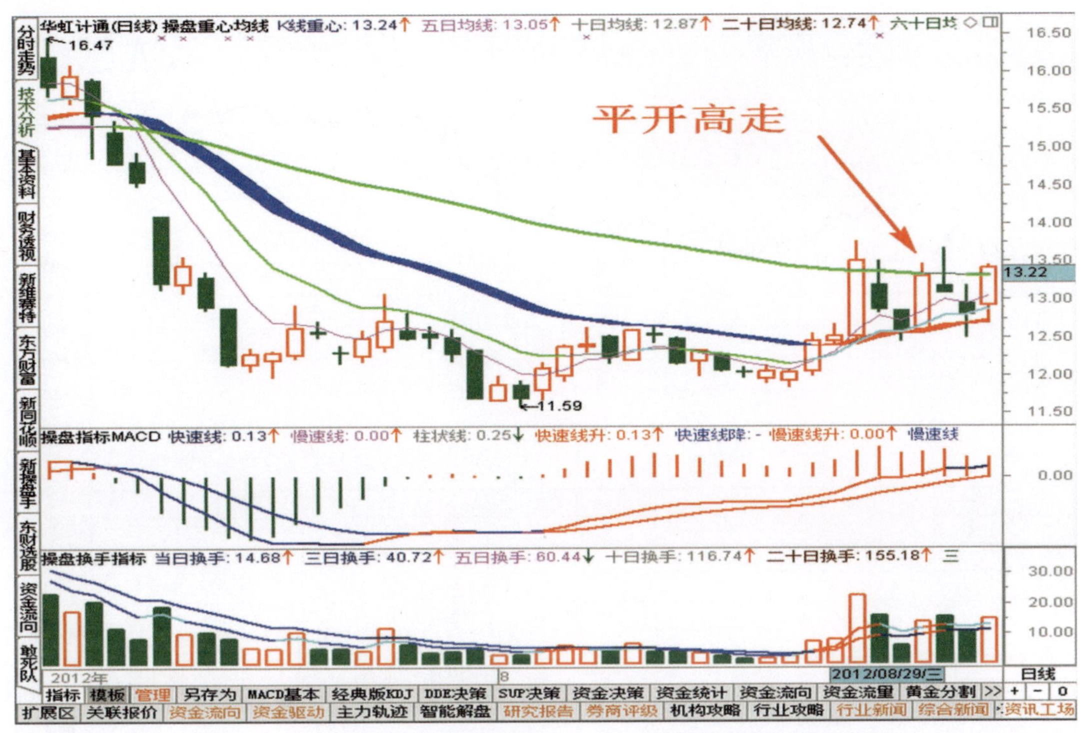

图谱 043　空间位置低位平开高走日线走势图谱

图谱 043 解说

（一）从空间位置来说，当前股价处于低位区域，向下的风险比较小，向上的概率比较大。此时属于低风险区域，是中短线关注的好机会。

（二）从 K 线形态来说，属于平开高走的中阳线，从 K 现内部结构来看，是由许多尖角状的冲击波构成的，建仓的迹象明显。因此，这根中阳线可以视为建仓 K 线。

（三）从均线系统来说，短期均线系统 5 日均线、10 日均线和 20 日均线已经呈现为多头排列趋势，显示出非常明显的上升趋势已经在酝酿之中。

（四）从操盘指标来说，经典 MACD 指标已经连续翻红，并且零轴上的红柱有延伸的态势，说明股价将要向上突破，加速拉升的迹象明显。

（五）从成交量能来说，当前还属于空间位置低位的均衡量，说明主力还在耐心吸筹。由于量能并没有明显放大，说明主力并没有拔高建仓的打算，因此还需要耗费一些时间，才能完成建仓动作，按计划完成建仓任务。

日线走势图分析结论：目前该股处于空间位置低位主力建仓阶段，保持跟踪。

盘口技术实训第 044 讲

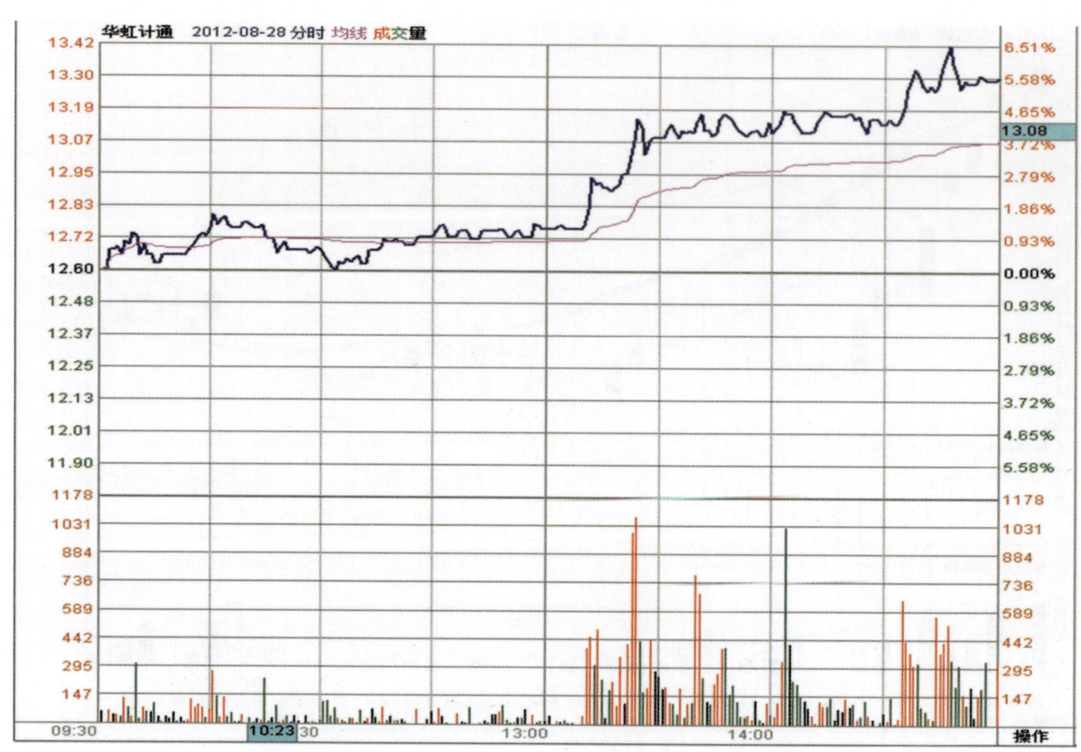

图谱 044 低位平开高走放量拉升全天盘口走势图谱

图谱 044 解说

（一）集合竞价时间段股价平盘开出，开盘量是 20 手。说明当天主力的操盘意图并不打算大动干戈拔高建仓。早盘第一时间段股价短暂冲高 1% 左右就出现回落，缓慢回调不破昨收盘价，随后再次缓慢拉升 2% 左右，再次缓慢回落，依旧不破前收盘价。

（二）第三时间段站稳在均价线之上，缓慢爬行，并没有放量。第四时间段才开始放量攻击创当天新高，量比达到 1 倍以上，均价线坚挺向上，冲击波型突出。

（三）股价处于空间位置低位区域时出现这种开盘定式，说明主力还在耐心吸筹，从盘口上看，从第四时间段开始，均价线始终稳定向上，说明主力放量与缩量节奏把握极好。

实盘训练的时候，职业操盘手的操盘决策如下：

（一）当前股价还处于底部区域建仓阶段，从盘口来看主力并没有大规模拔高建仓，因此，可以把该股列为自选股跟踪分析，静待主力建仓完成之后再介入也不迟。

（二）如果有耐心配合主力慢慢玩，也可以采用滚动建仓的方式，每天低吸高抛。

课堂实训练习 22

结合实训图谱 043、044 的解说思路，尝试分析练习图 043、044 的盘口特征。

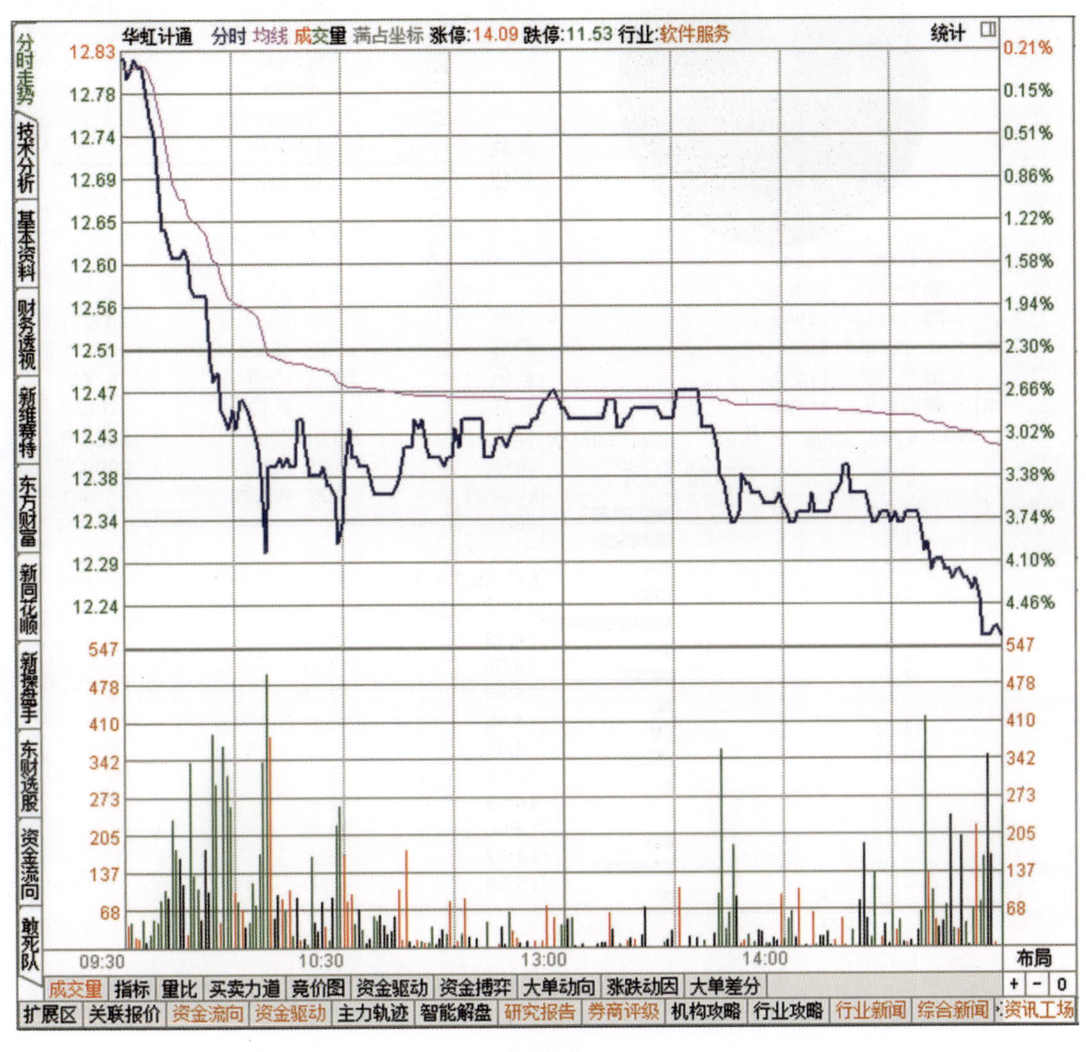

练习图 043

请各位参加实训的操盘手把实训练习题答案写在下边，存档备查：

________年______月______日　星期______ 实训操盘手：________

(1) ________________________________

(2) ________________________________

(3) ________________________________

(4) ________________________________

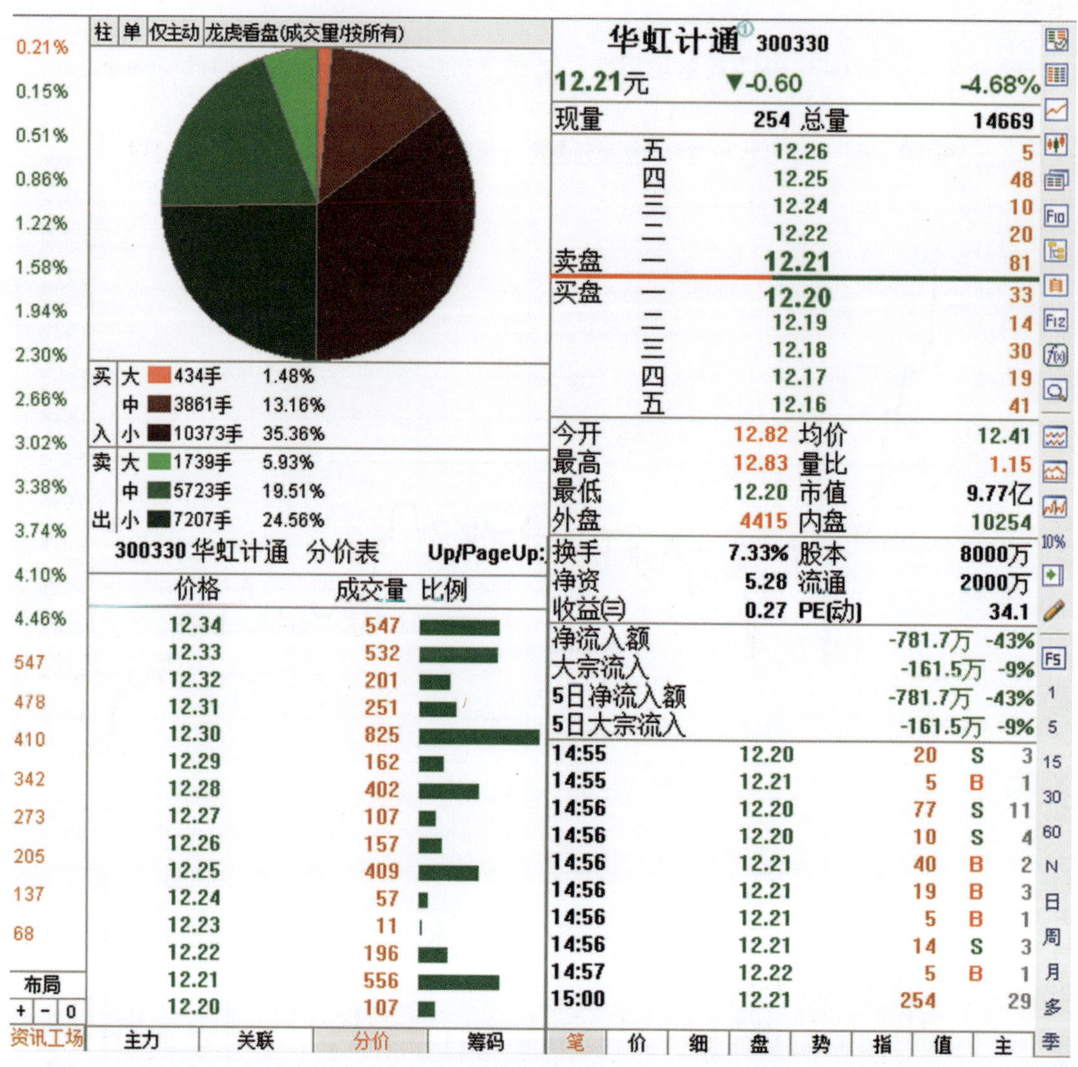

练习图 044

请各位参加实训的操盘手把实训练习题答案写在下边，存档备查：

__________年______月______日 星期______ 实训操盘手：__________

（1）____

（2）____

（3）____

（4）____

盘口技术实训第 045 讲

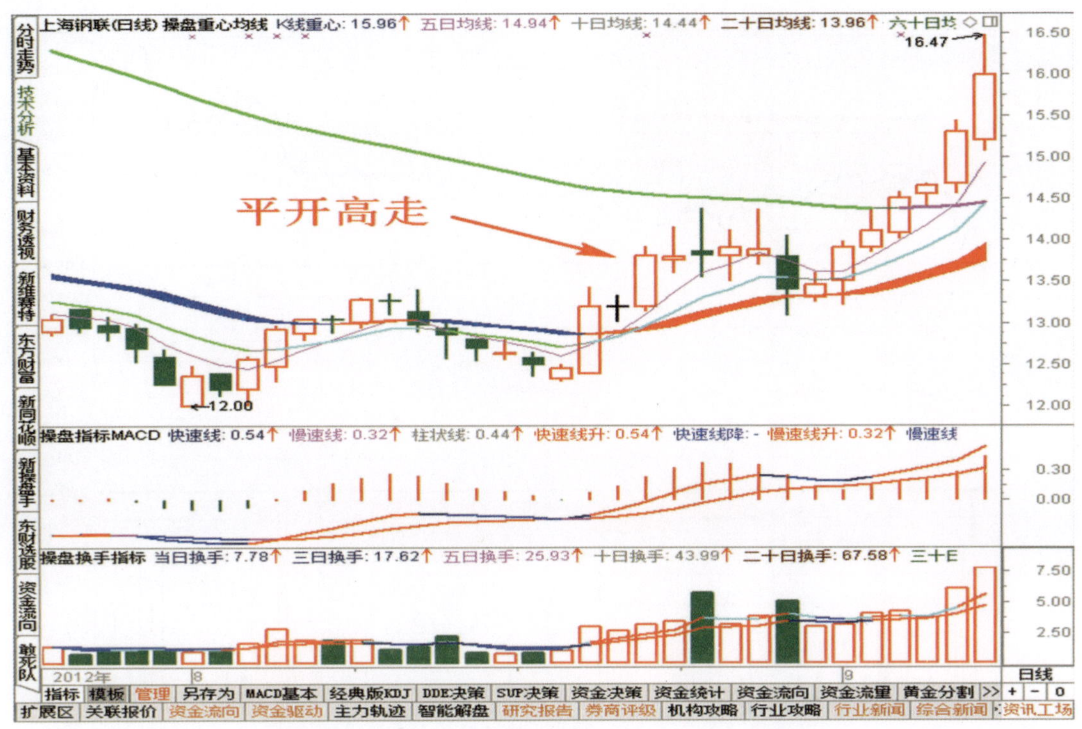

图谱 045　态度比较暧昧的低位平开高走日线走势图谱

图谱 045 解说

（一）从空间位置来说，当前股价无论是从除权还是复权来看，都处于相对低位。从走势形态上来看，有构筑小双底的迹象。因此，此时的安全系数比较高。

（二）从 K 线形态来说，当天收出一根平开高走的中阳线，与前边的两根 K 线构成一个缩头型的多方炮形态。这是外强中干的攻击形态，表面上强大而已。

（三）从均线系统来说，短期均线系统 5 日均线、10 日均线和 20 日均线已经在低位走平，并呈现出多头排列的趋势，当前股价处于 5 日均线之上，强势特征比较明显。但是中期均线 60 日均线还没有走平，股价虽然穿越了 60 日均线，但是还需要反复整理。

（四）从操盘指标来说，MACD 零轴下金叉之后，一路翻红，说明多头行情的特征比较明显，即使略有调整，也不改变短中线上行的趋势。

（五）从成交量能来说，量柱结构比较均衡，说明属于原先的主力在操纵。

日线走势图分析结论：谨慎持股，或者盘中寻找低点买进。

盘口技术实训第 046 讲

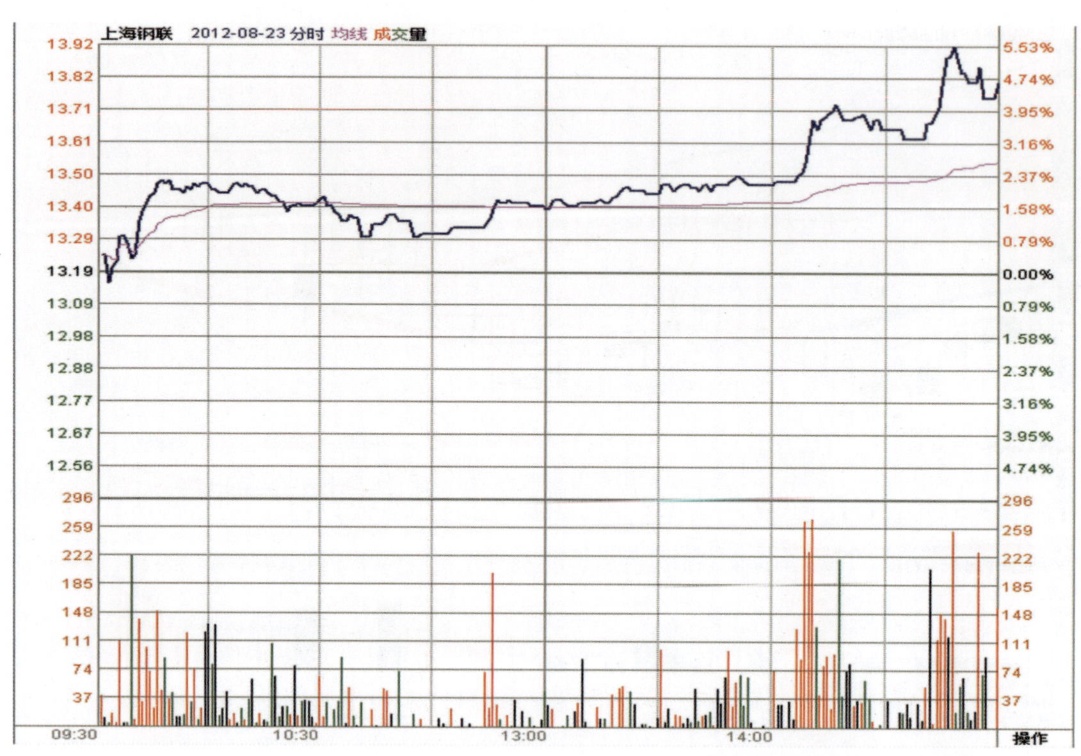

图谱 046　空间低位平开高走滚动建仓全天盘口走势图谱

图谱 046 解说

（一）集合竞价时间段股价平开，开盘量是 11 手。说明主力并没有大规模参与。

（二）早盘第一时间段股价平开后略微向下，随后被迅速拉起，然后缓慢推高，第一时间段下半段出现了量价背离走势，接着走势平缓之中向下滑，成交量也开始放大。很显然这是主力诱使短线客出局，减轻后期拉升的抛压。

（三）第二时间段大不分时间都属于诱人出局的走势。第三时间段中期开始对敲拉升，股价重新均价线之上，下午开盘后逐步上行，第四、第五时间段放量上攻，强势特征显著。

实盘训练的时候，职业操盘手的操盘决策如下：

（一）早盘第一时间段该股呈现出强势整理特征，可以在 5 日均线附近低吸。上午反复打压却不破前收盘价，也不创新低，说明次日继续震荡上涨的可能性达 80% 以上，短线可以在均价线之下低吸，滚动式建仓。

（二）午盘之后上穿均价线，稳健上行，可以盘中选择低点加仓。

课堂实训练习 23

结合实训图谱 045、046 的解说思路，尝试分析练习图 045、046 的盘口特征。

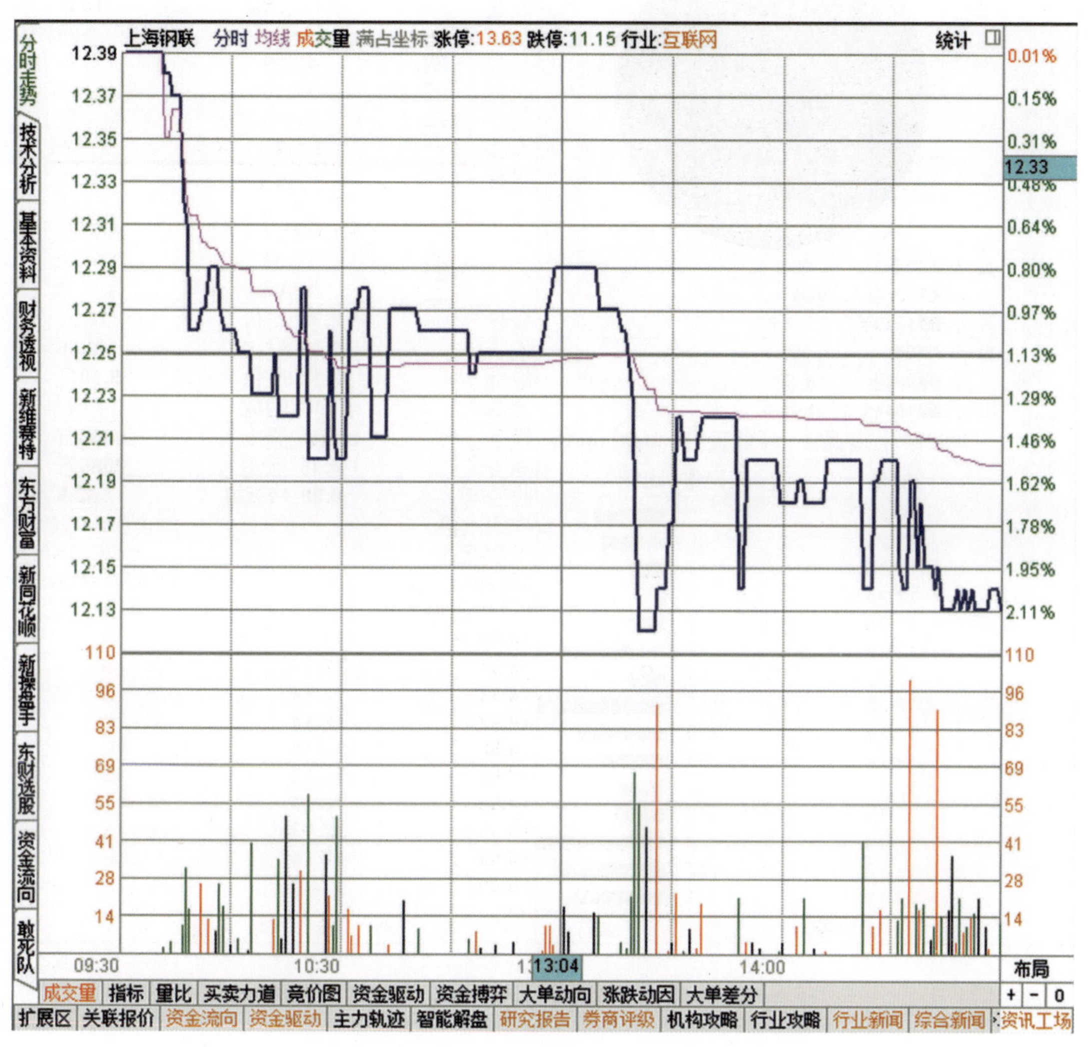

练习图 045

请各位参加实训的操盘手把实训练习题答案写在下边，存档备查：

____________年______月______日　星期______ 实训操盘手：__________

（1）____

（2）____

（3）____

（4）____

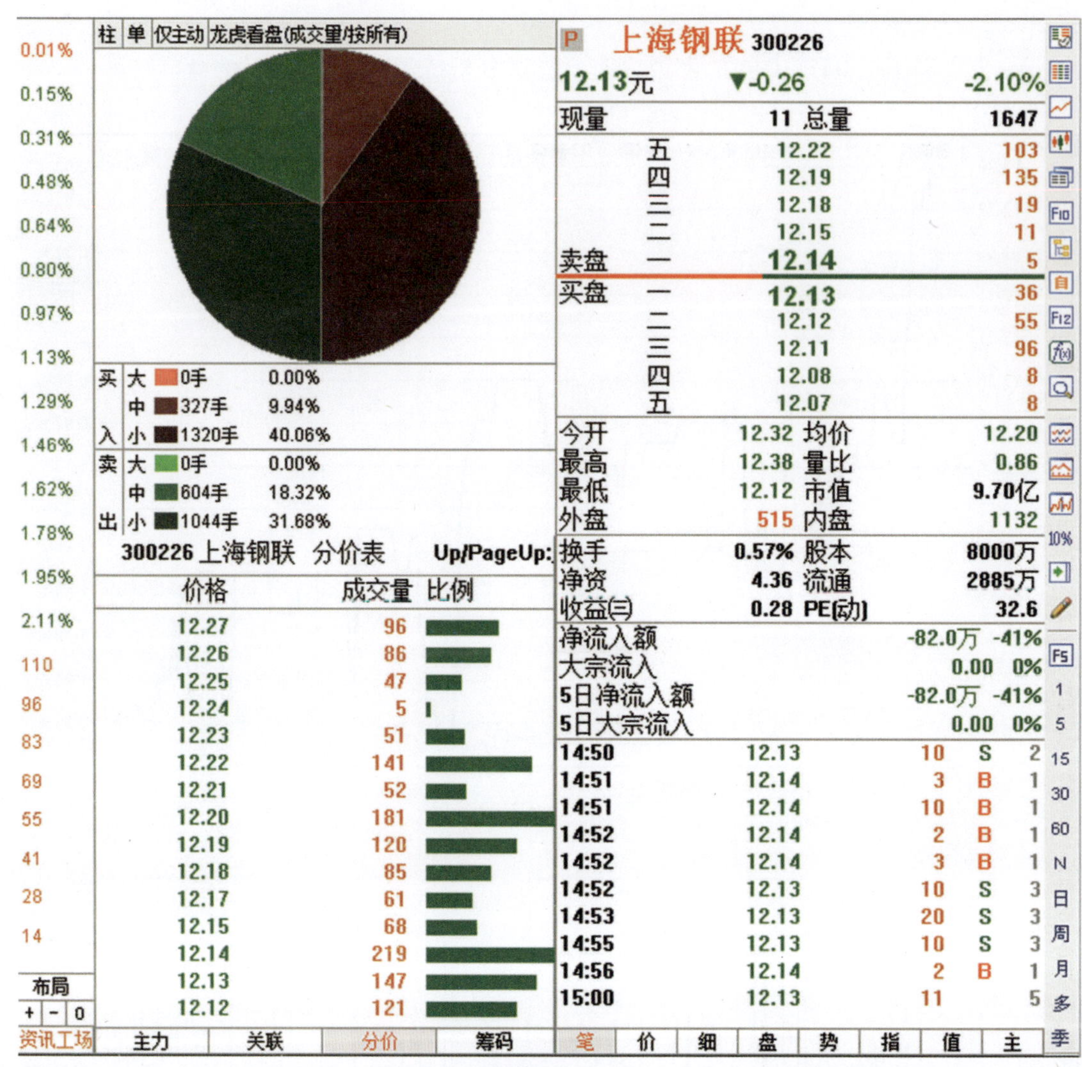

练习图 046

请各位参加实训的操盘手把实训练习题答案写在下边，存档备查：

______年______月______日　星期______　实训操盘手：__________

（1）____________________

（2）____________________

（3）____________________

（4）____________________

下　篇

盘口技术实训图谱

盘口技术实训图谱 001

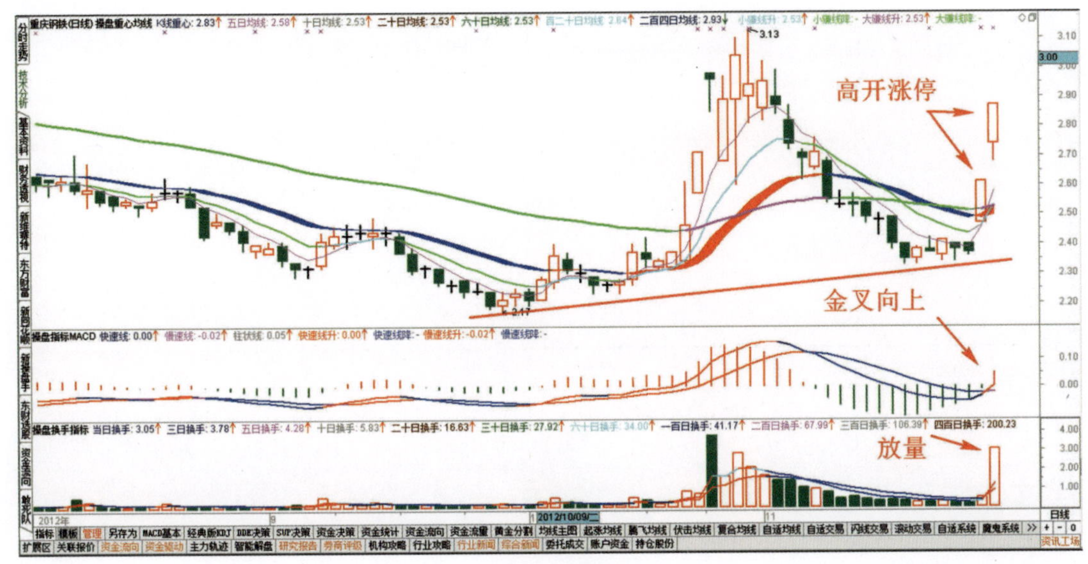

实训图谱 001

请各位参加实训的操盘手把盘口技术实训图谱的看盘要点写在下边，存档备查：

____________年______月______日　星期______ 实训操盘手：__________

盘口技术实训图谱看盘要点如下：

(1) ____

(2) ____

(3) ____

(4) ____

盘口技术实训图谱 002

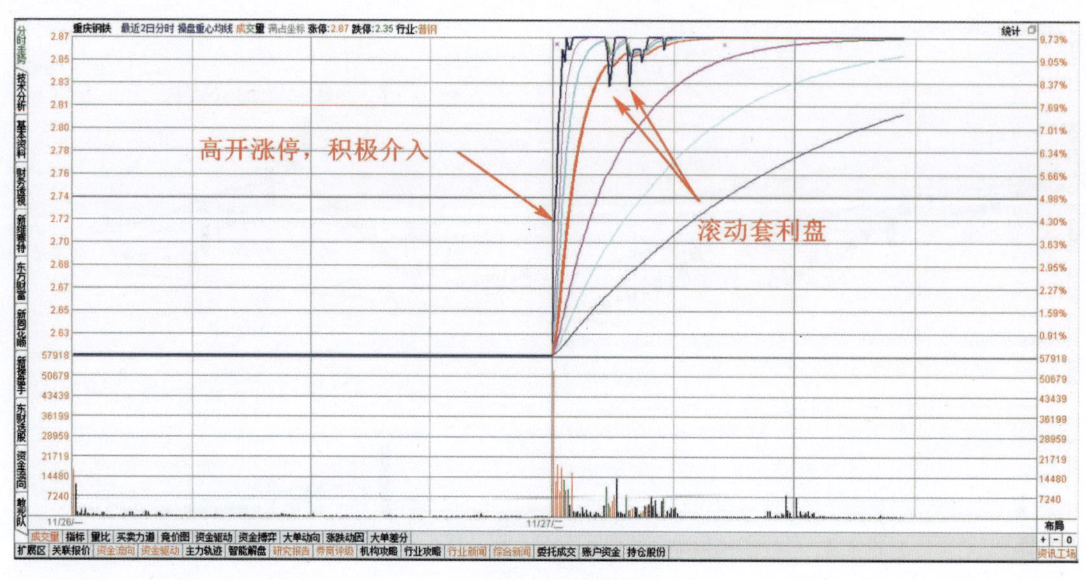

实训图谱 002

请各位参加实训的操盘手把盘口技术实训图谱的看盘要点写在下边，存档备查：

______年______月______日　星期______　实训操盘手：______

盘口技术实训图谱看盘要点如下：

(1) ______

(2) ______

(3) ______

(4) ______

盘口技术实训图谱 003

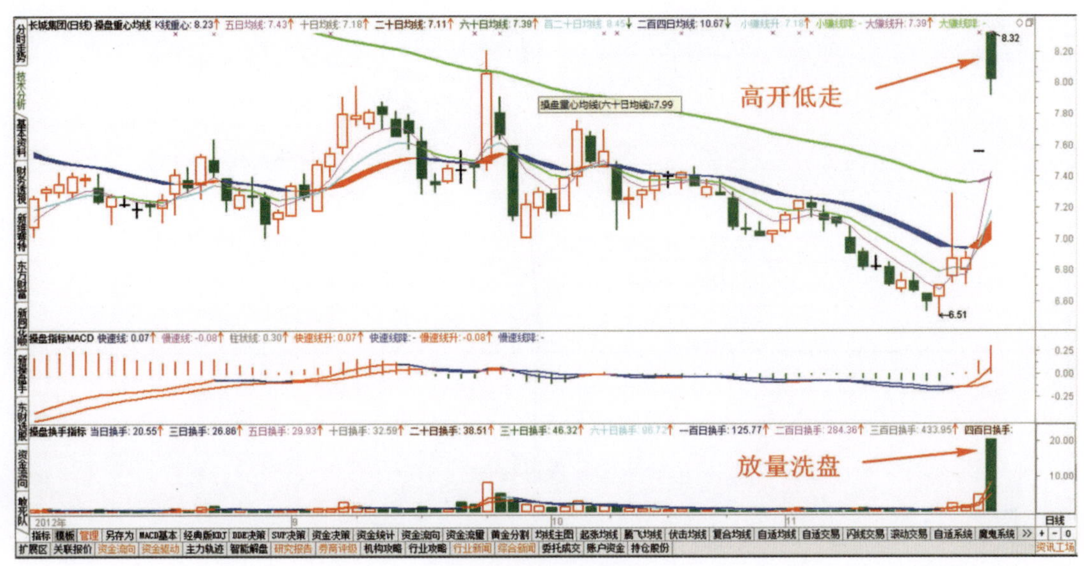

实训图谱 003

请各位参加实训的操盘手把盘口技术实训图谱的看盘要点写在下边，存档备查：

__________年______月______日　星期______ 实训操盘手：__________

盘口技术实训图谱看盘要点如下：

(1) ____

(2) ____

(3) ____

(4) ____

盘口技术实训图谱 004

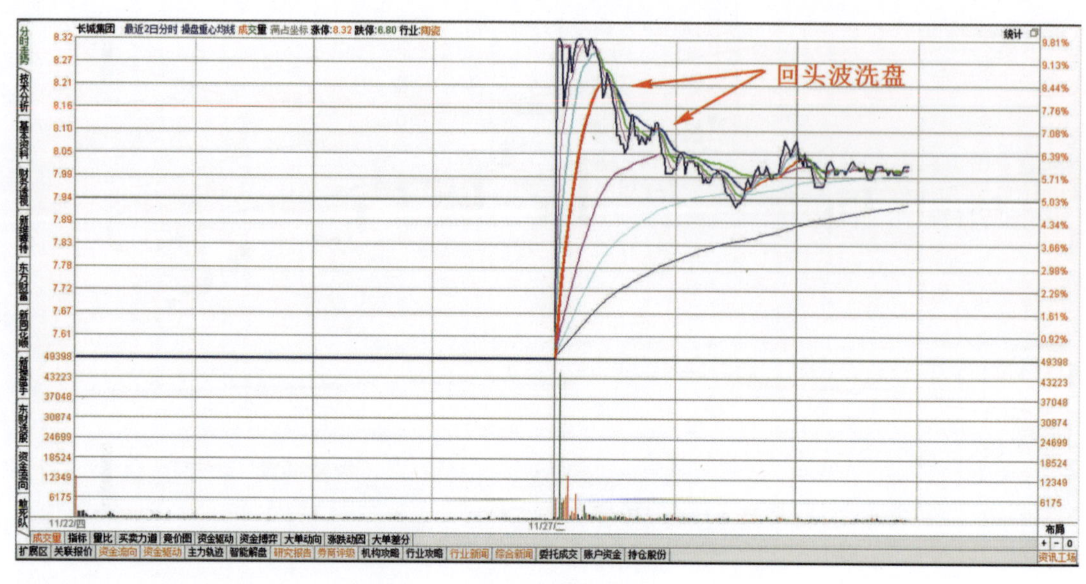

实训图谱 004

请各位参加实训的操盘手把盘口技术实训图谱的看盘要点写在下边，存档备查：

________年______月______日　星期______实训操盘手：__________

盘口技术实训图谱看盘要点如下：

(1) ______________________________

(2) ______________________________

(3) ______________________________

(4) ______________________________

盘口技术实训图谱 005

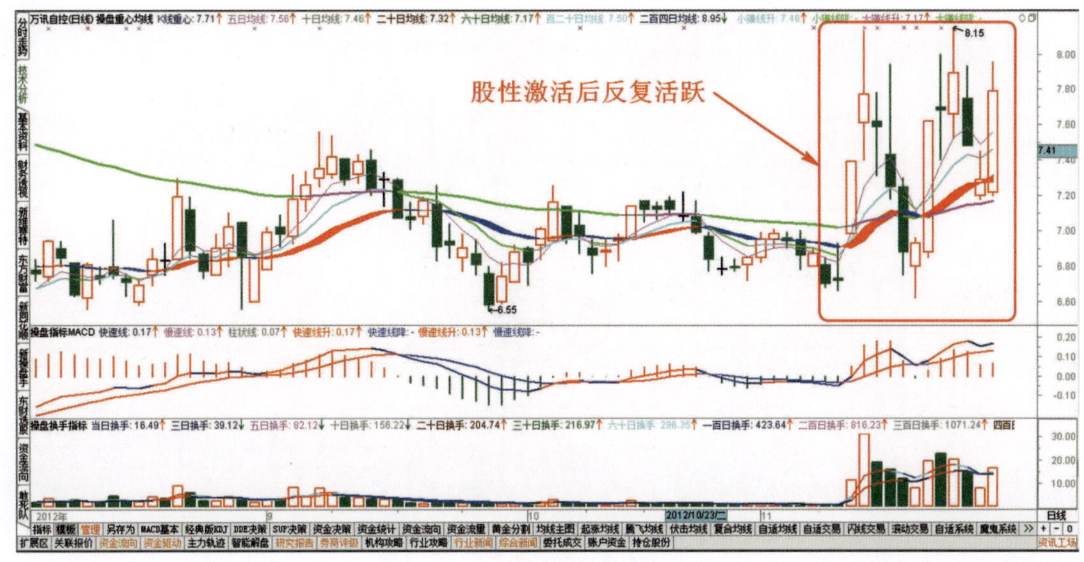

实训图谱 005

请各位参加实训的操盘手把盘口技术实训图谱的看盘要点写在下边，存档备查：

________年______月______日　星期______　实训操盘手：__________

盘口技术实训图谱看盘要点如下：

（1）____

（2）____

（3）____

（4）____

盘口技术实训图谱 006

实训图谱 006

请各位参加实训的操盘手把盘口技术实训图谱的看盘要点写在下边，存档备查：

____________年______月______日　星期______　实训操盘手：__________

盘口技术实训图谱看盘要点如下：

（1）____

（2）____

（3）____

（4）____

盘口技术实训图谱 007

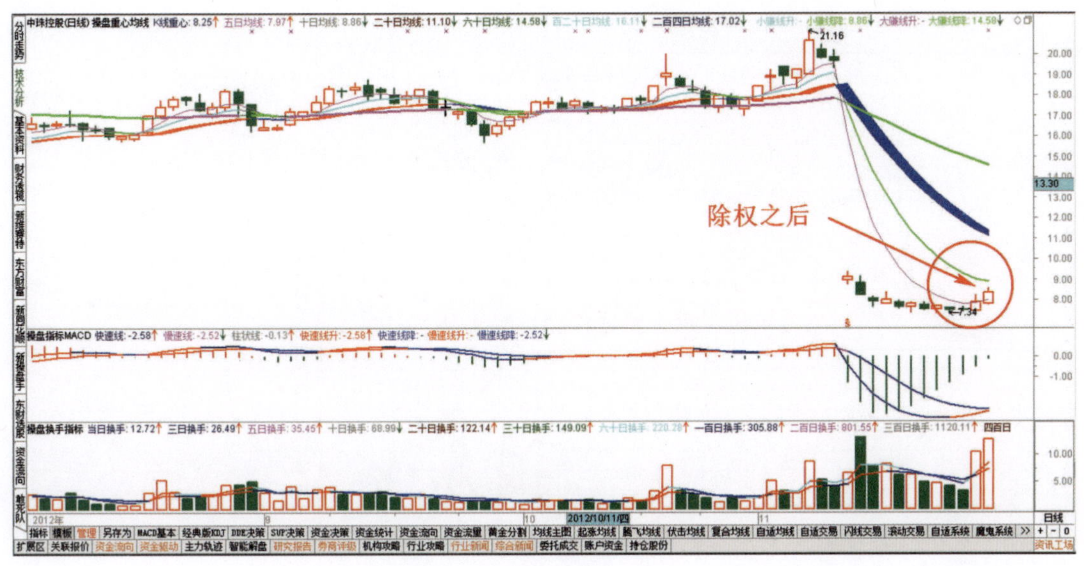

实训图谱 007

请各位参加实训的操盘手把盘口技术实训图谱的看盘要点写在下边，存档备查：

____________年______月______日　星期______ 实训操盘手：__________

盘口技术实训图谱看盘要点如下：

（1）____

（2）____

（3）____

（4）____

盘口技术实训图谱 008

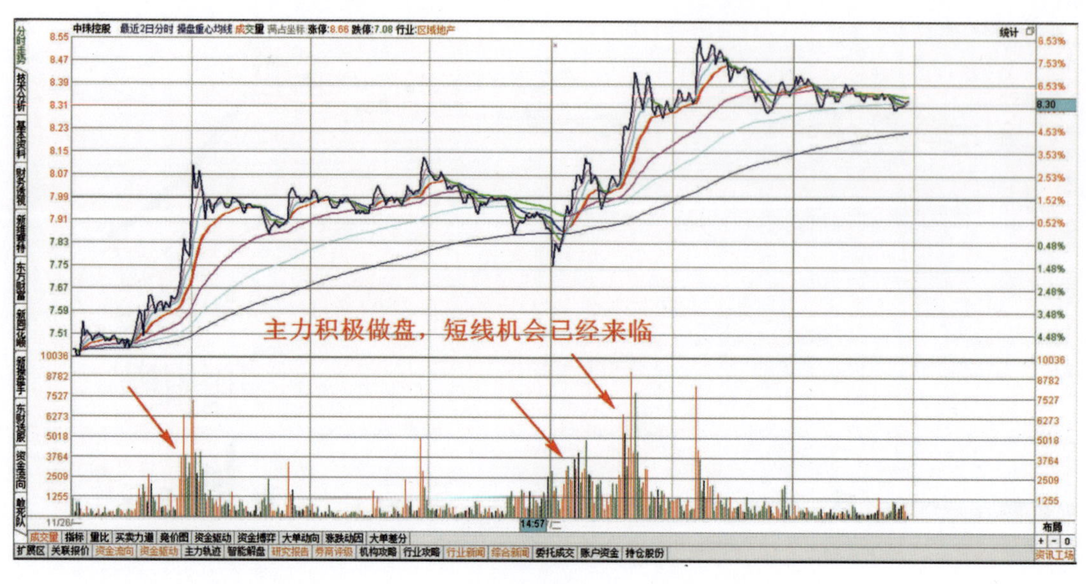

实训图谱 008

请各位参加实训的操盘手把盘口技术实训图谱的看盘要点写在下边，存档备查：

__________年______月______日　星期______ 实训操盘手：__________

盘口技术实训图谱看盘要点如下：

(1) ____________________

(2) ____________________

(3) ____________________

(4) ____________________

盘口技术实训图谱 009

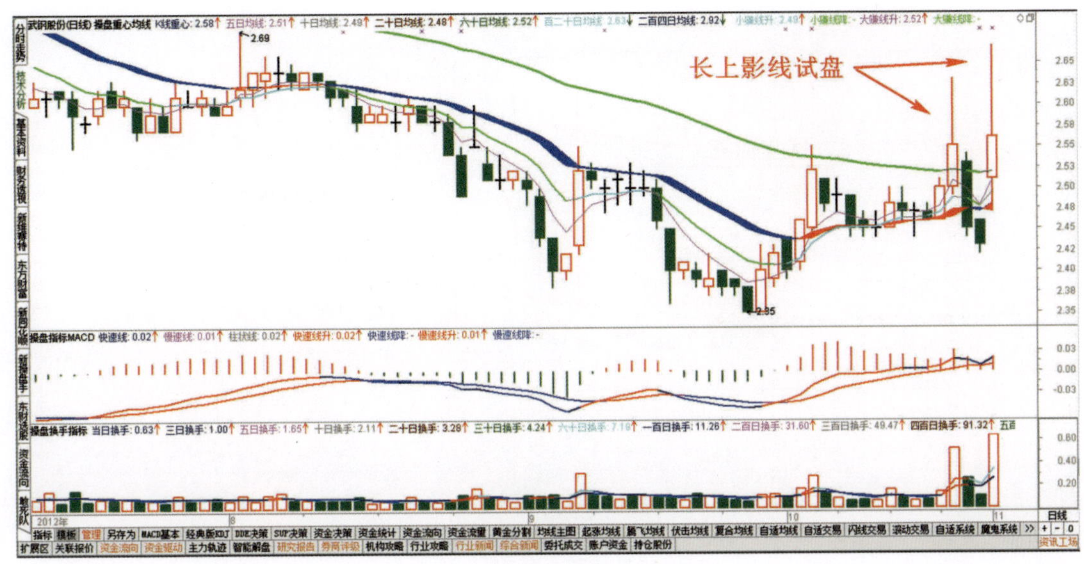

实训图谱 009

请各位参加实训的操盘手把盘口技术实训图谱的看盘要点写在下边，存档备查：

________年______月______日　星期______ 实训操盘手：__________

盘口技术实训图谱看盘要点如下：

(1) ____

(2) ____

(3) ____

(4) ____

盘口技术实训图谱 010

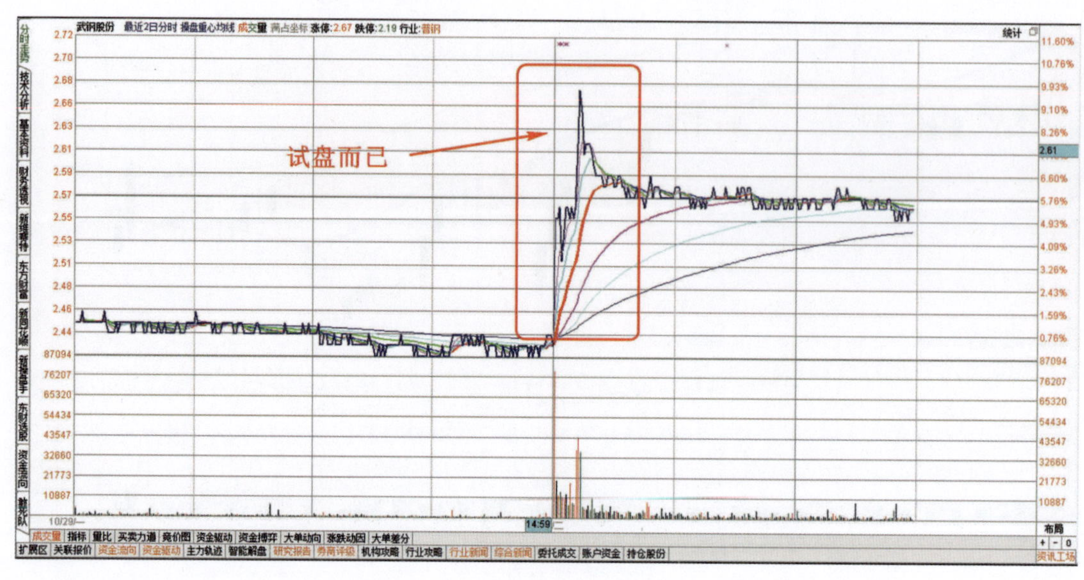

实训图谱 010

请各位参加实训的操盘手把盘口技术实训图谱的看盘要点写在下边，存档备查：

______年____月____日　星期____ 实训操盘手：______

盘口技术实训图谱看盘要点如下：

（1）______

（2）______

（3）______

（4）______

盘口技术实训图谱 011

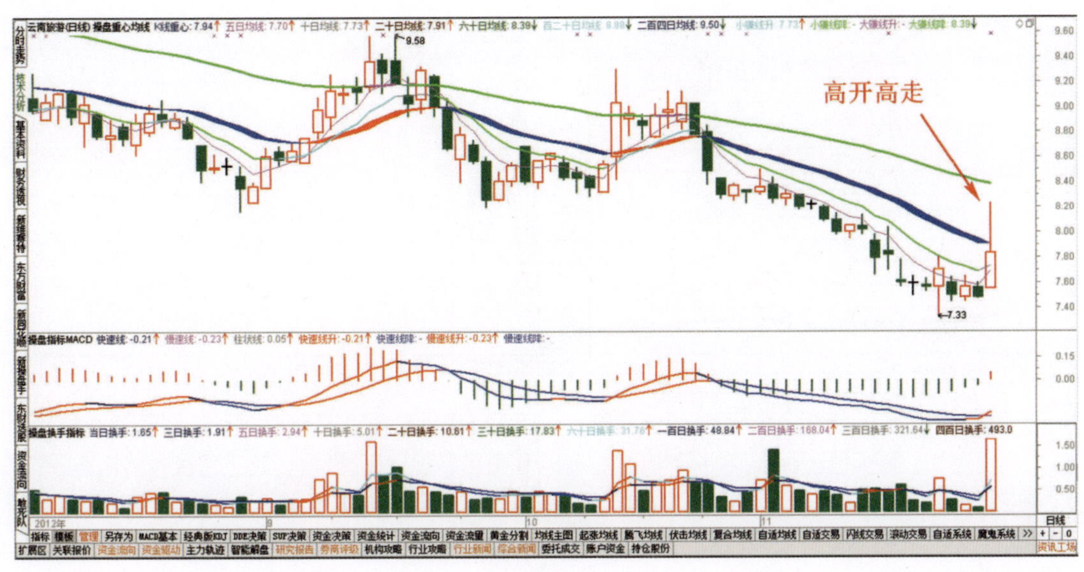

实训图谱 011

请各位参加实训的操盘手把盘口技术实训图谱的看盘要点写在下边，存档备查：

__________年______月______日　星期______ 实训操盘手：__________

盘口技术实训图谱看盘要点如下：

（1）____

（2）____

（3）____

（4）____

盘口技术实训图谱 012

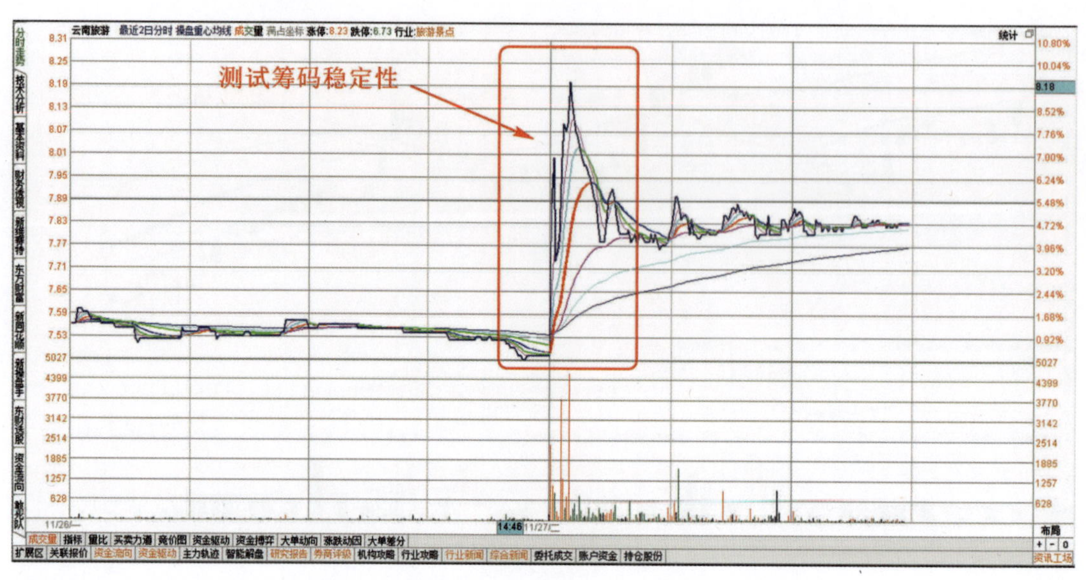

实训图谱 012

请各位参加实训的操盘手把盘口技术实训图谱的看盘要点写在下边，存档备查：

__________年______月______日　星期______ 实训操盘手：__________

盘口技术实训图谱看盘要点如下：

（1）____

（2）____

（3）____

（4）____

盘口技术实训图谱 013

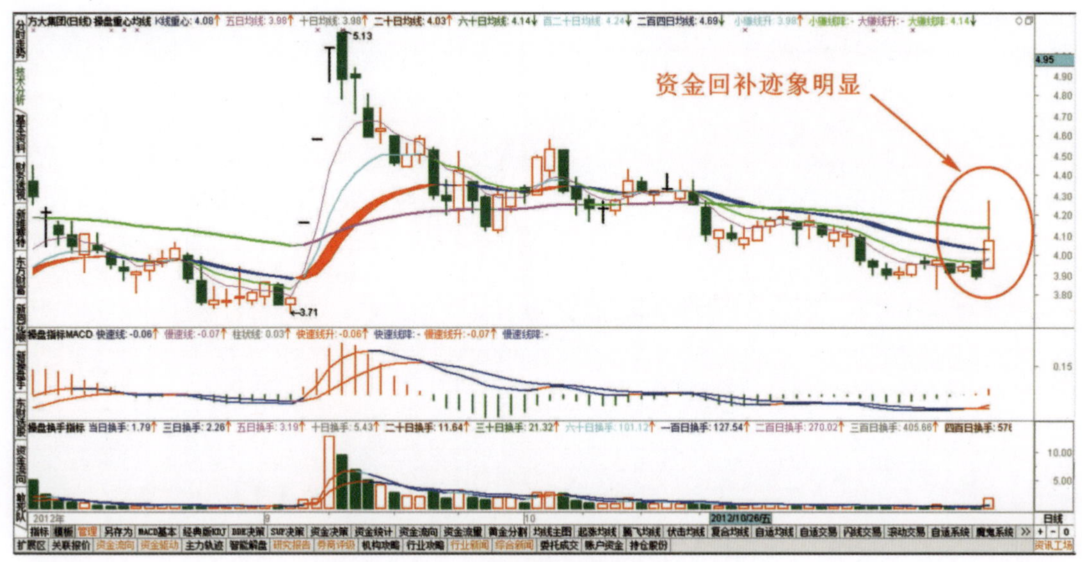

实训图谱 013

请各位参加实训的操盘手把盘口技术实训图谱的看盘要点写在下边，存档备查：

______年______月______日　星期______　实训操盘手：______

盘口技术实训图谱看盘要点如下：

（1）______

（2）______

（3）______

（4）______

盘口技术实训图谱 014

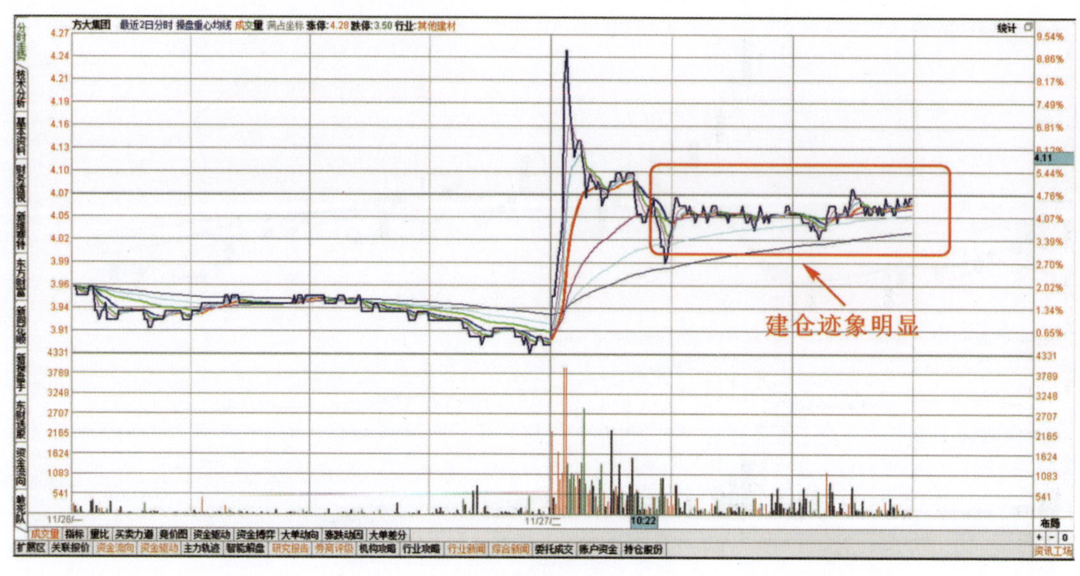

实训图谱 014

请各位参加实训的操盘手把盘口技术实训图谱的看盘要点写在下边，存档备查：

____________年______月______日　星期______　实训操盘手：__________

盘口技术实训图谱看盘要点如下：

（1）____

（2）____

（3）____

（4）____

盘口技术实训图谱 015

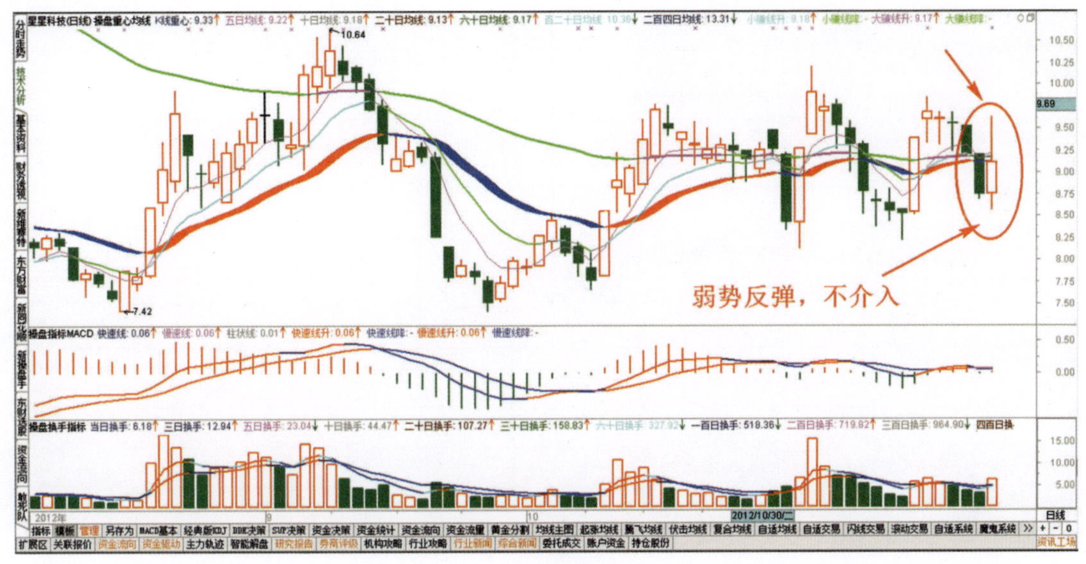

实训图谱 015

请各位参加实训的操盘手把盘口技术实训图谱的看盘要点写在下边，存档备查：

______年______月______日 星期______ 实训操盘手：______

盘口技术实训图谱看盘要点如下：

（1）______

（2）______

（3）______

（4）______

盘口技术实训图谱 016

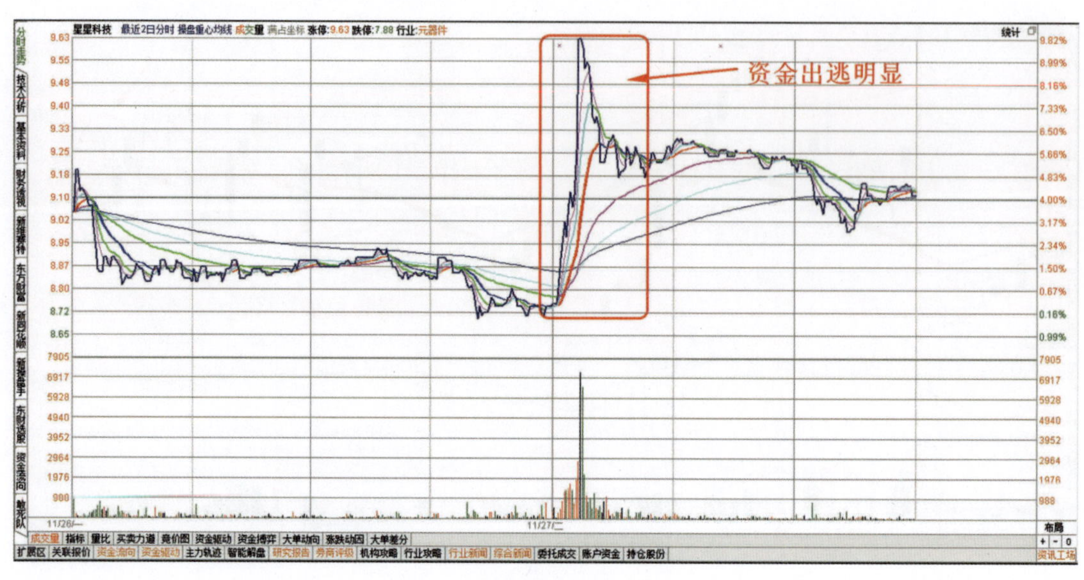

实训图谱 016

请各位参加实训的操盘手把盘口技术实训图谱的看盘要点写在下边，存档备查：

____________年______月______日　星期______　实训操盘手：__________

盘口技术实训图谱看盘要点如下：

(1) ____

(2) ____

(3) ____

(4) ____

盘口技术实训图谱 017

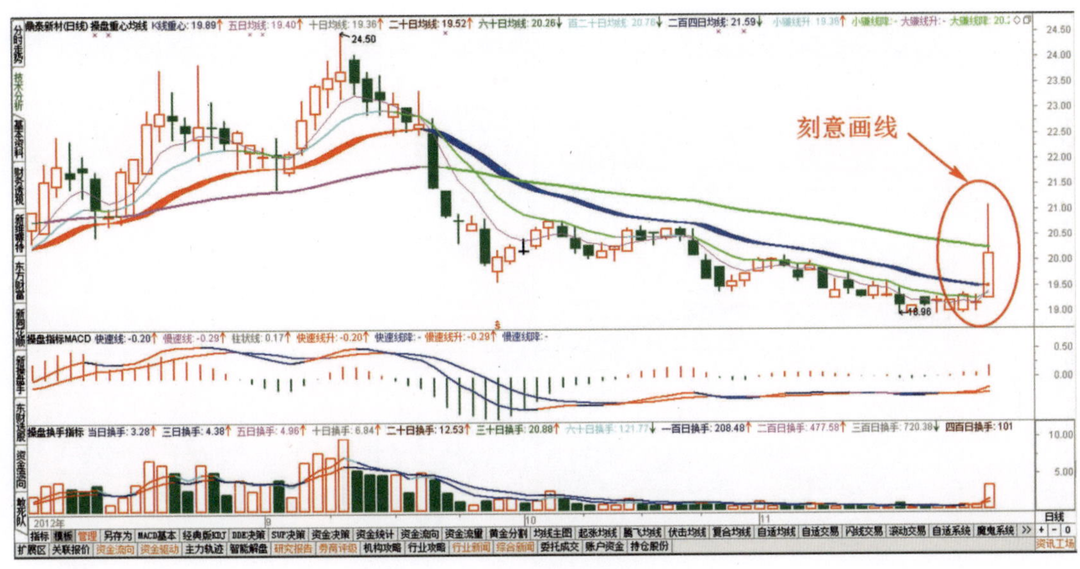

实训图谱 017

请各位参加实训的操盘手把盘口技术实训图谱的看盘要点写在下边，存档备查：

__________年______月______日　星期______ 实训操盘手：__________

盘口技术实训图谱看盘要点如下：

（1）____

（2）____

（3）____

（4）____

盘口技术实训图谱 018

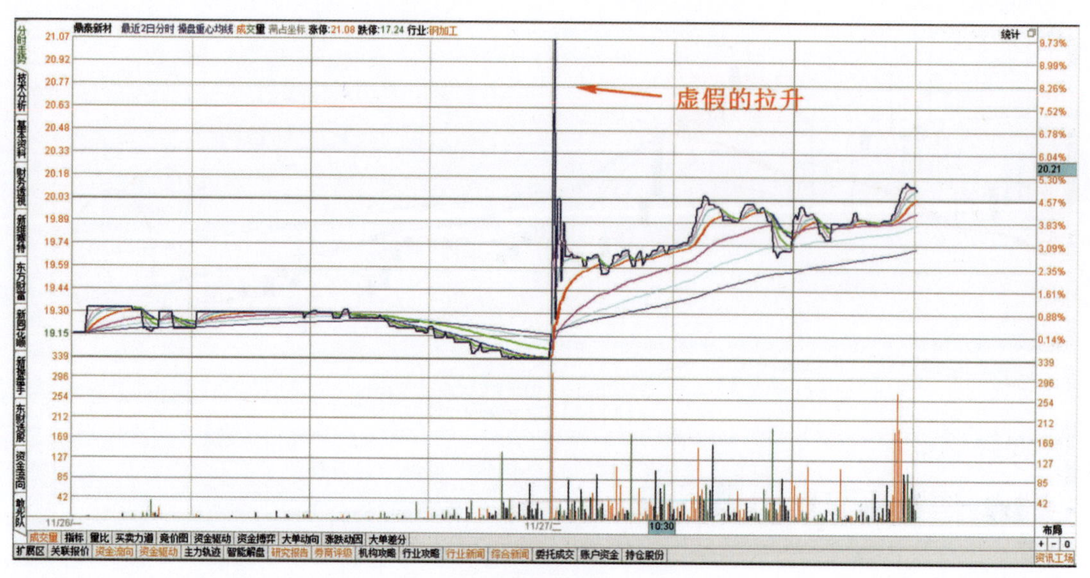

实训图谱 018

请各位参加实训的操盘手把盘口技术实训图谱的看盘要点写在下边，存档备查：

__________年______月______日　星期______　实训操盘手：__________

盘口技术实训图谱看盘要点如下：

(1) ____

(2) ____

(3) ____

(4) ____

盘口技术实训图谱 019

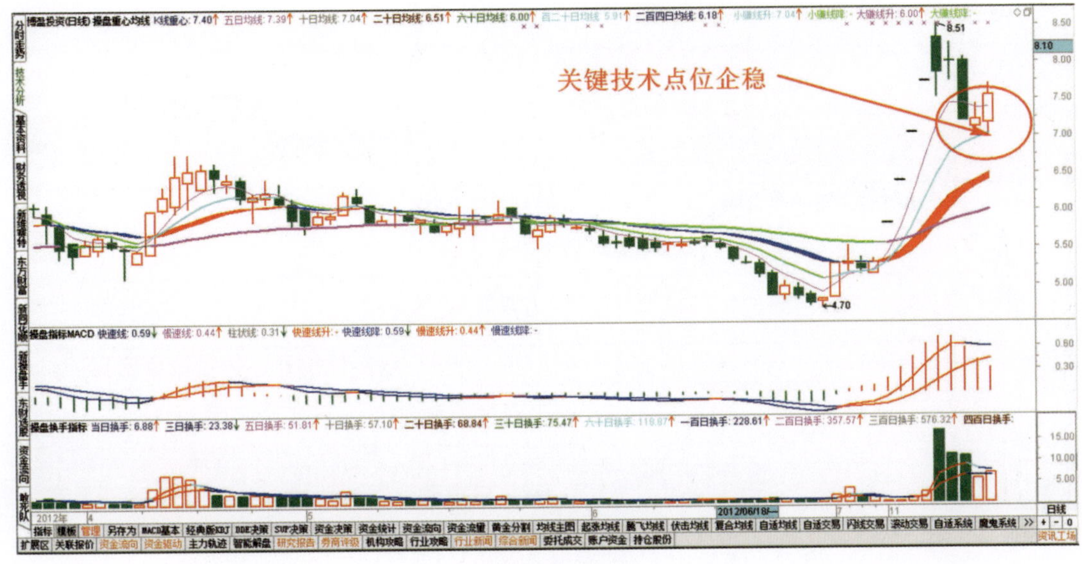

实训图谱 019

请各位参加实训的操盘手把盘口技术实训图谱的看盘要点写在下边，存档备查：

______年____月____日　星期____　实训操盘手：________

盘口技术实训图谱看盘要点如下：

（1）______________________________

（2）______________________________

（3）______________________________

（4）______________________________

盘口技术实训图谱 020

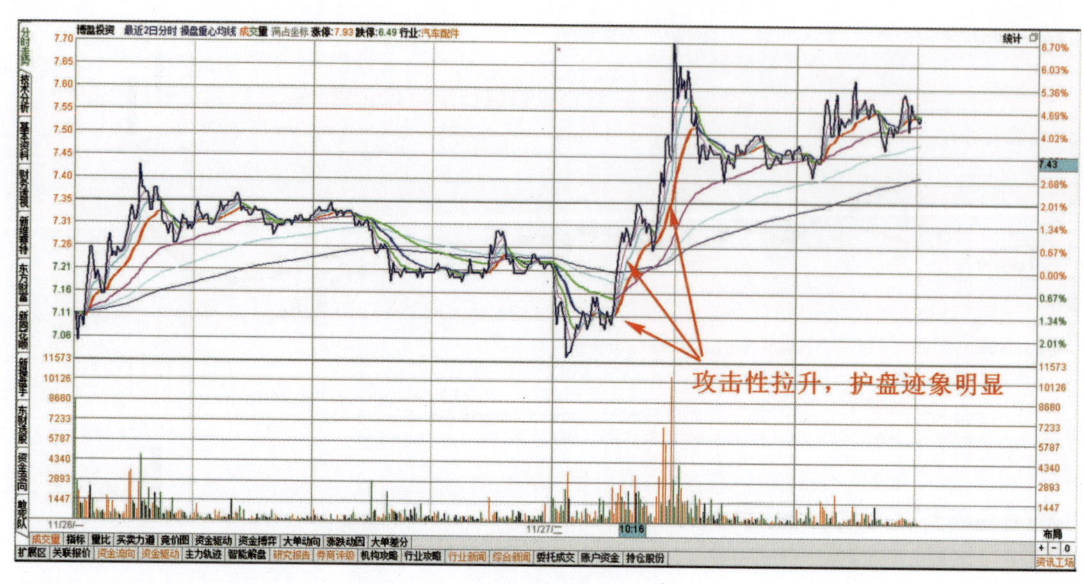

实训图谱 020

请各位参加实训的操盘手把盘口技术实训图谱的看盘要点写在下边，存档备查：

______________年______ 月______ 日 星期______ 实训操盘手：__________

盘口技术实训图谱看盘要点如下：

（1）____

（2）____

（3）____

（4）____

盘口技术实训图谱 021

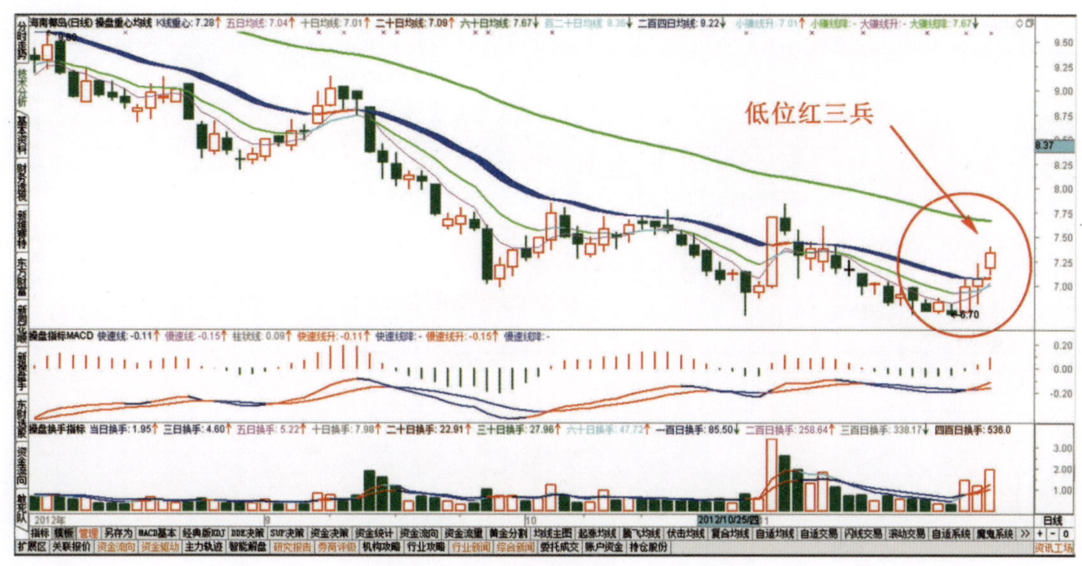

实训图谱 021

请各位参加实训的操盘手把盘口技术实训图谱的看盘要点写在下边，存档备查：

______年______月______日 星期______ 实训操盘手：______

盘口技术实训图谱看盘要点如下：

（1）______

（2）______

（3）______

（4）______

盘口技术实训图谱 022

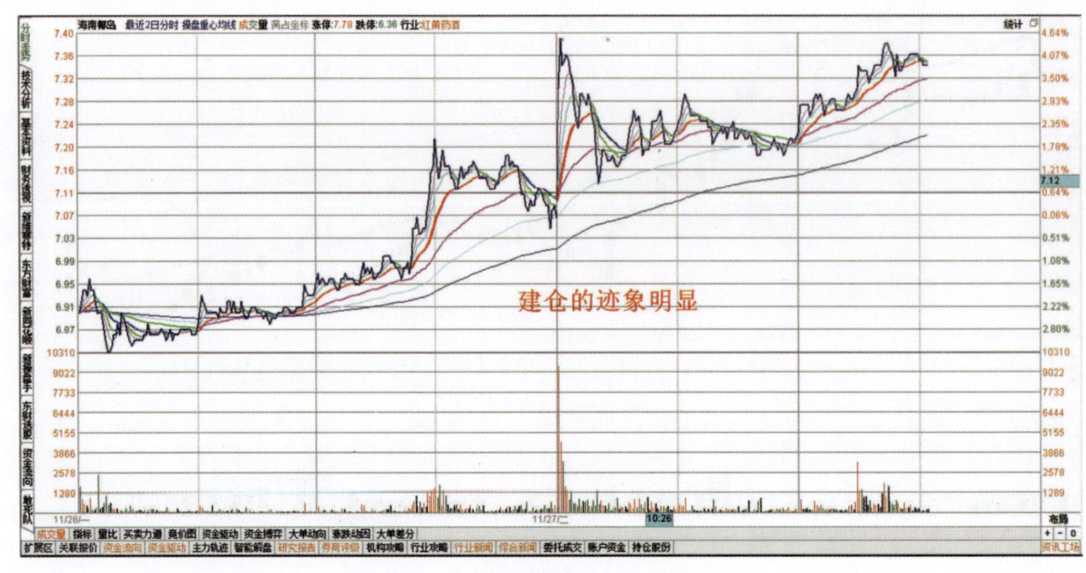

实训图谱 022

请各位参加实训的操盘手把盘口技术实训图谱的看盘要点写在下边，存档备查：

____________年______月______日　星期______ 实训操盘手：__________

盘口技术实训图谱看盘要点如下：

(1) ____

(2) ____

(3) ____

(4) ____

盘口技术实训图谱 023

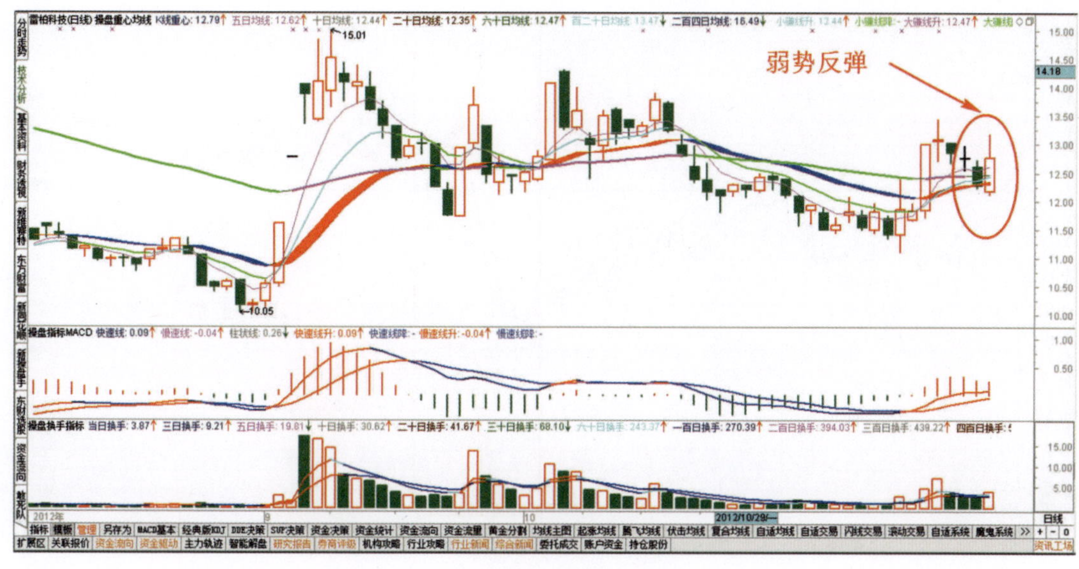

实训图谱 023

请各位参加实训的操盘手把盘口技术实训图谱的看盘要点写在下边，存档备查：

__________年______月______日　星期______ 实训操盘手：__________

盘口技术实训图谱看盘要点如下：

（1）____

（2）____

（3）____

（4）____

盘口技术实训图谱 024

实训图谱 024

请各位参加实训的操盘手把盘口技术实训图谱的看盘要点写在下边，存档备查：

______年____月____日　星期____　实训操盘手：________

盘口技术实训图谱看盘要点如下：

(1) ________________

(2) ________________

(3) ________________

(4) ________________

盘口技术实训图谱 025

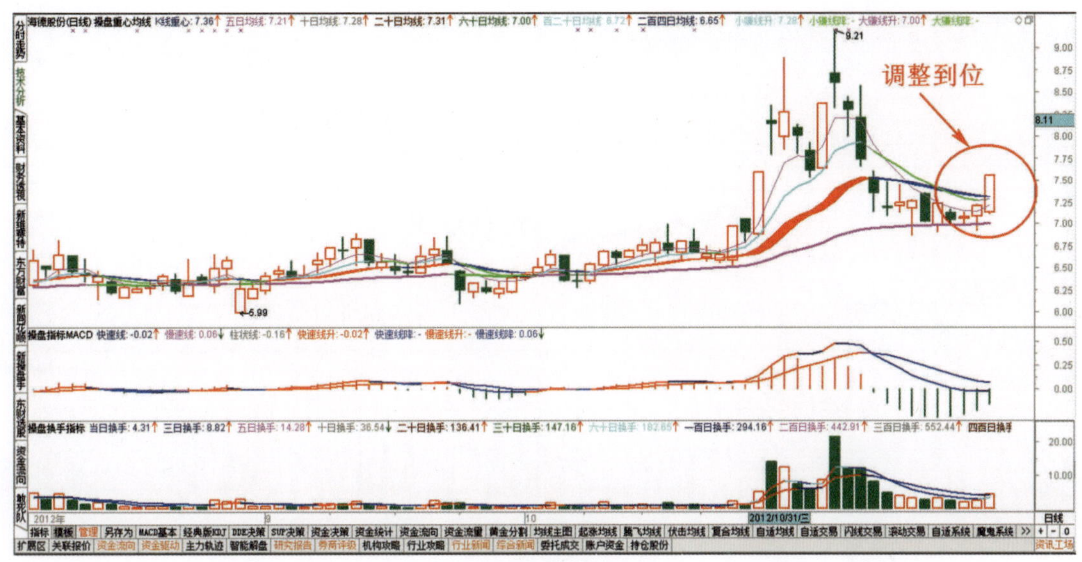

实训图谱 025

请各位参加实训的操盘手把盘口技术实训图谱的看盘要点写在下边，存档备查：

__________年______月______日　星期______　实训操盘手：__________

盘口技术实训图谱看盘要点如下：

（1）____

（2）____

（3）____

（4）____

盘口技术实训图谱 026

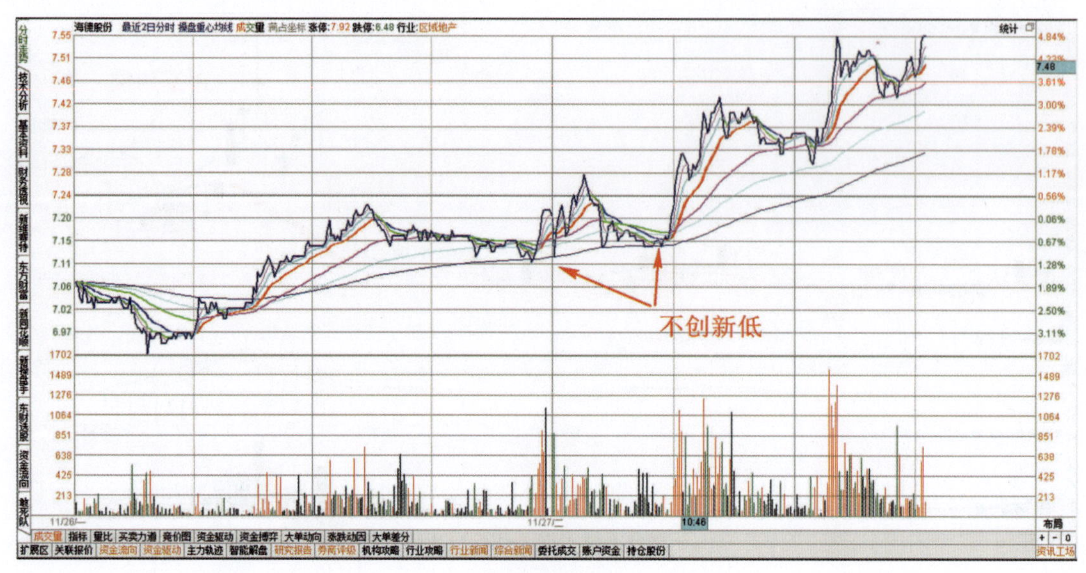

实训图谱 026

请各位参加实训的操盘手把盘口技术实训图谱的看盘要点写在下边，存档备查：

________年______月______日　星期______ 实训操盘手：__________

盘口技术实训图谱看盘要点如下：

（1）____

（2）____

（3）____

（4）____

盘口技术实训图谱 027

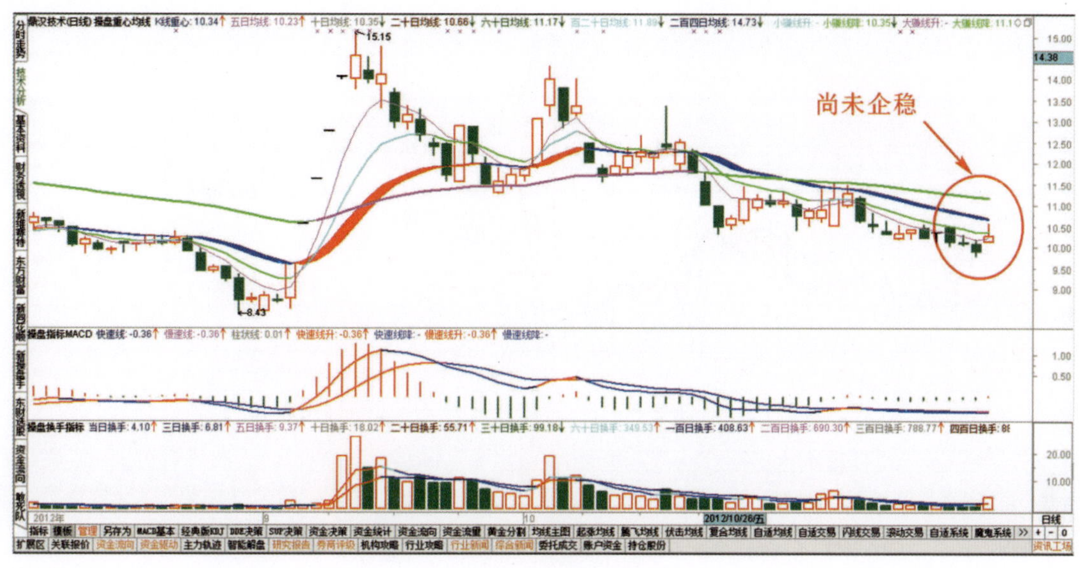

实训图谱 027

请各位参加实训的操盘手把盘口技术实训图谱的看盘要点写在下边，存档备查：

__________年______月______日　星期______　实训操盘手：__________

盘口技术实训图谱看盘要点如下：

(1) ____

(2) ____

(3) ____

(4) ____

盘口技术实训图谱 028

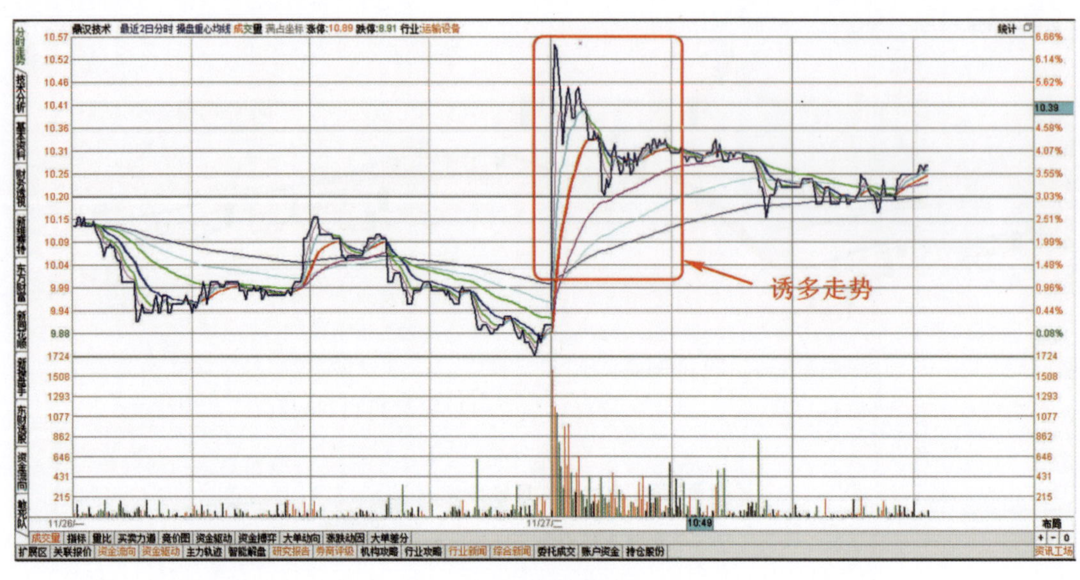

实训图谱 028

请各位参加实训的操盘手把盘口技术实训图谱的看盘要点写在下边，存档备查：

____________年______月______日　星期______实训操盘手：__________

盘口技术实训图谱看盘要点如下：

(1) ____

(2) ____

(3) ____

(4) ____

盘口技术实训图谱 029

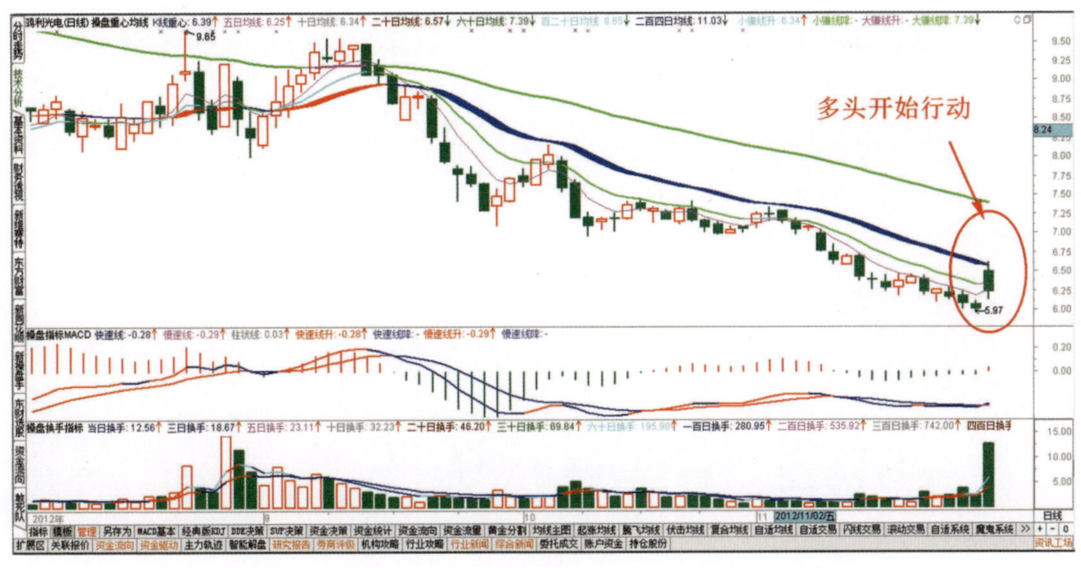

实训图谱 029

请各位参加实训的操盘手把盘口技术实训图谱的看盘要点写在下边，存档备查：

________年____月____日 星期____ 实训操盘手：________

盘口技术实训图谱看盘要点如下：

（1）____

（2）____

（3）____

（4）____

盘口技术实训图谱 030

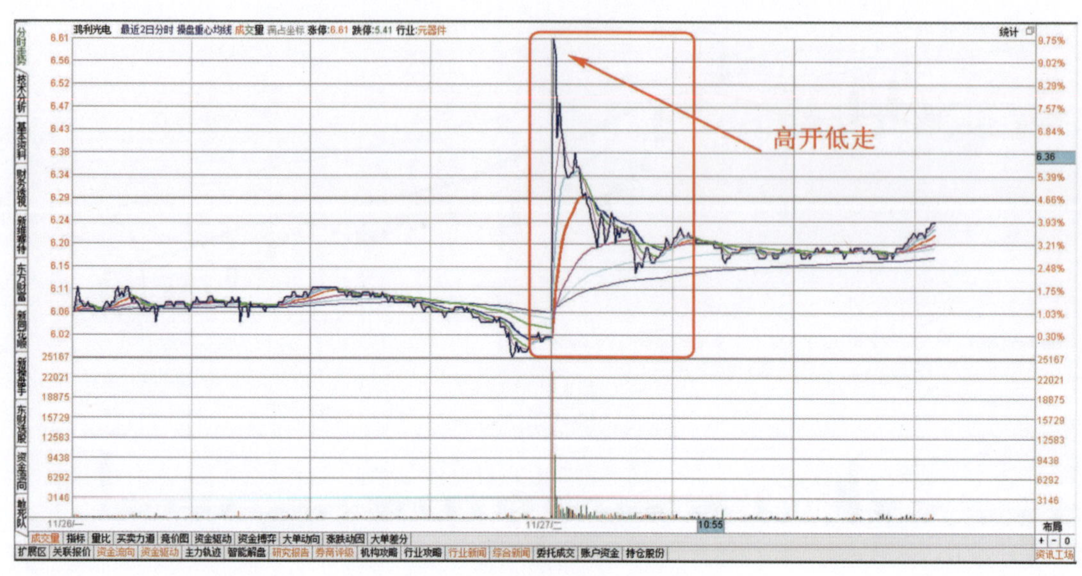

实训图谱 030

请各位参加实训的操盘手把盘口技术实训图谱的看盘要点写在下边，存档备查：

__________年______月______日　星期______ 实训操盘手：__________

盘口技术实训图谱看盘要点如下：

（1）____

（2）____

（3）____

（4）____

盘口技术实训图谱 031

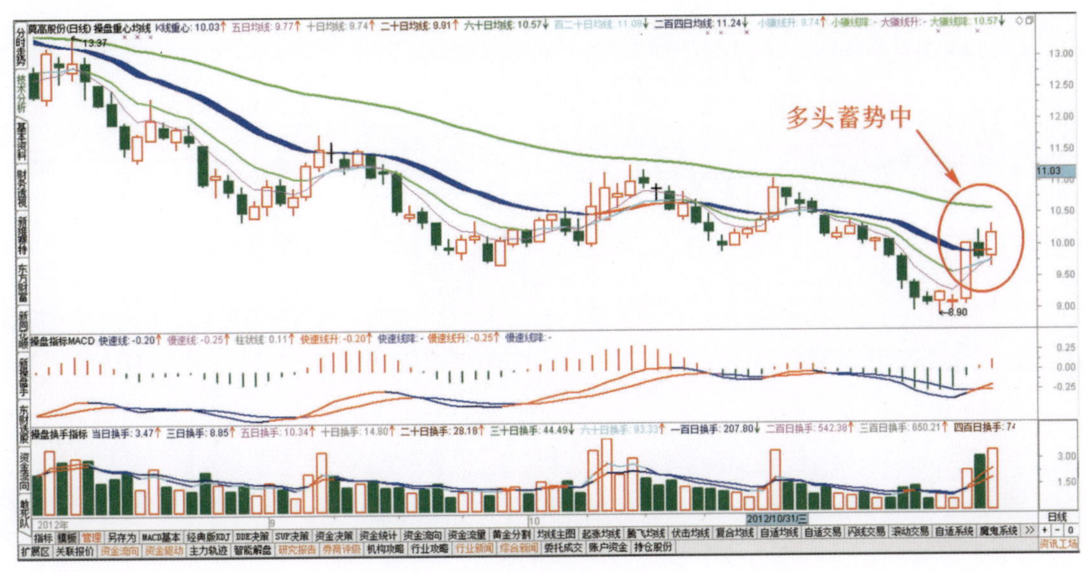

实训图谱 031

请各位参加实训的操盘手把盘口技术实训图谱的看盘要点写在下边，存档备查：

______年____月____日 星期____ 实训操盘手：______

盘口技术实训图谱看盘要点如下：

（1）______

（2）______

（3）______

（4）______

盘口技术实训图谱 032

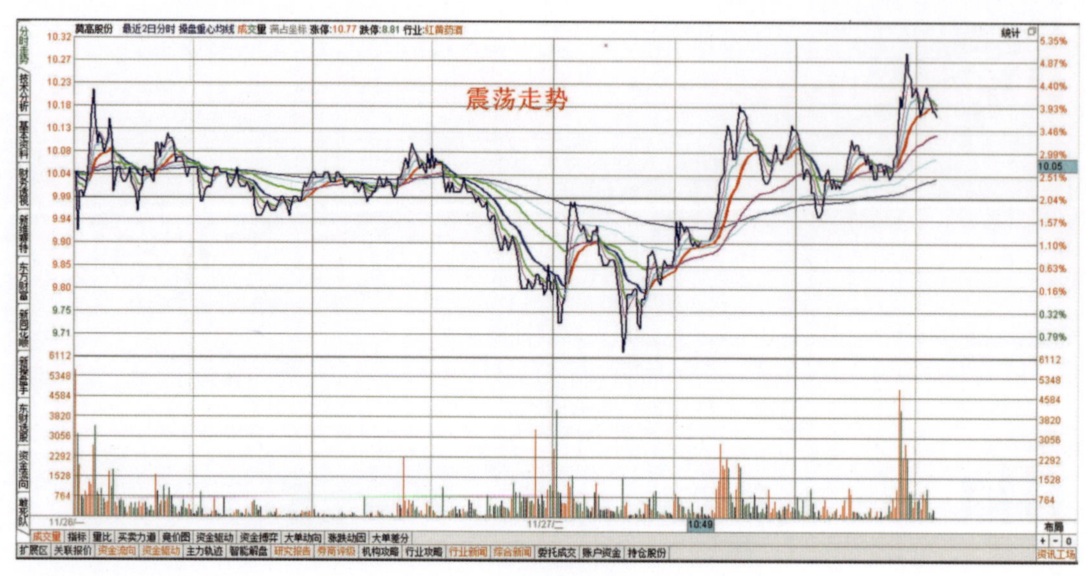

实训图谱 032

请各位参加实训的操盘手把盘口技术实训图谱的看盘要点写在下边，存档备查：

__________年______月______日　星期______　实训操盘手：__________

盘口技术实训图谱看盘要点如下：

(1) ______________________________

(2) ______________________________

(3) ______________________________

(4) ______________________________

盘口技术实训图谱 033

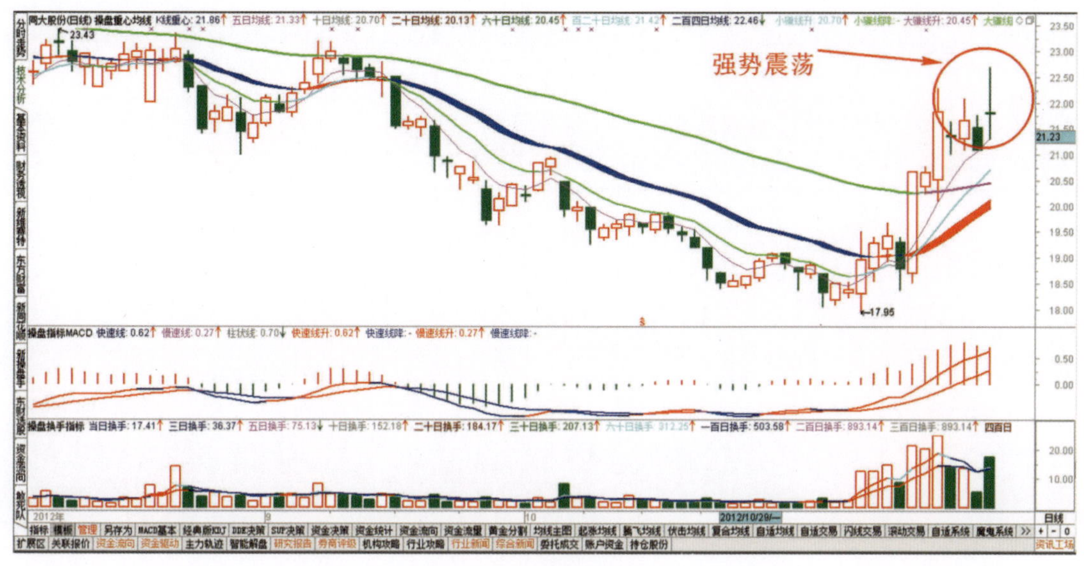

实训图谱 033

请各位参加实训的操盘手把盘口技术实训图谱的看盘要点写在下边，存档备查：

__________年______月______日　星期______ 实训操盘手：__________

盘口技术实训图谱看盘要点如下：

(1) ____

(2) ____

(3) ____

(4) ____

盘口技术实训图谱 034

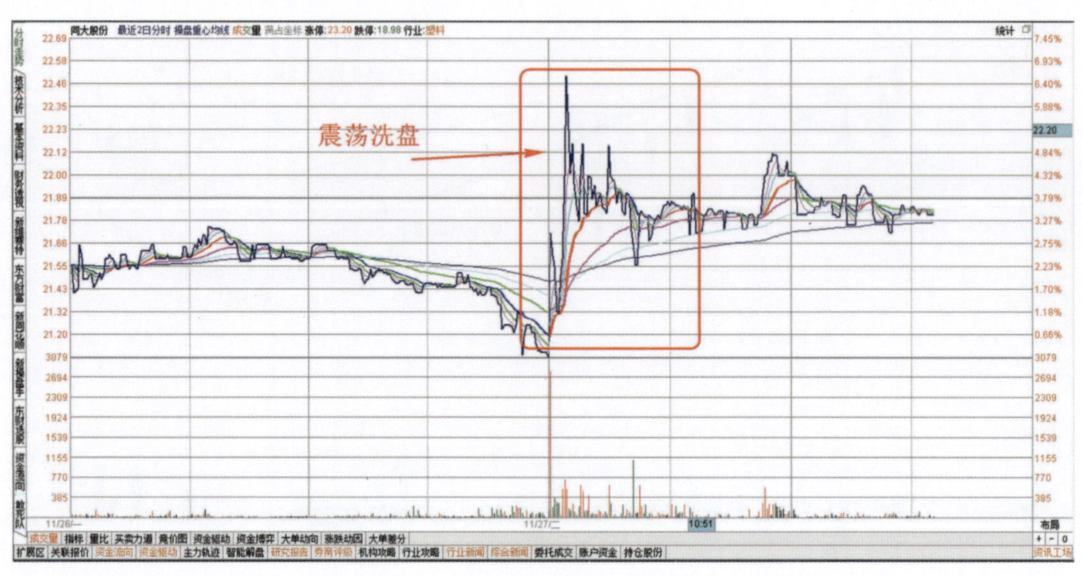

实训图谱 034

请各位参加实训的操盘手把盘口技术实训图谱的看盘要点写在下边，存档备查：

__________年______月______日　星期______　实训操盘手：__________

盘口技术实训图谱看盘要点如下：

(1) ____

(2) ____

(3) ____

(4) ____

盘口技术实训图谱 035

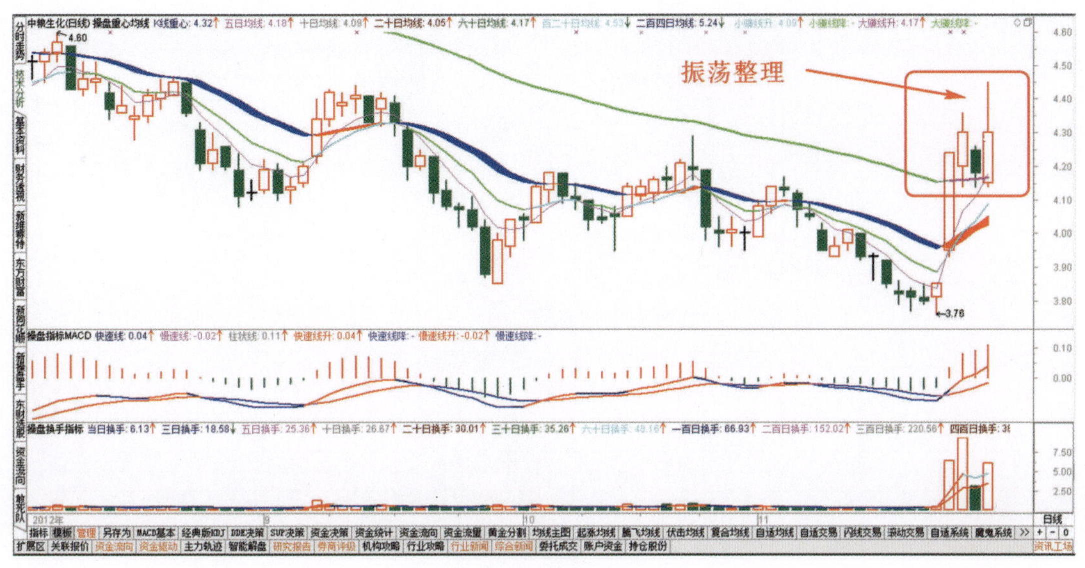

实训图谱 035

请各位参加实训的操盘手把盘口技术实训图谱的看盘要点写在下边，存档备查：

______年______月______日　星期______　实训操盘手：__________

盘口技术实训图谱看盘要点如下：

（1）______________________________

（2）______________________________

（3）______________________________

（4）______________________________

盘口技术实训图谱 036

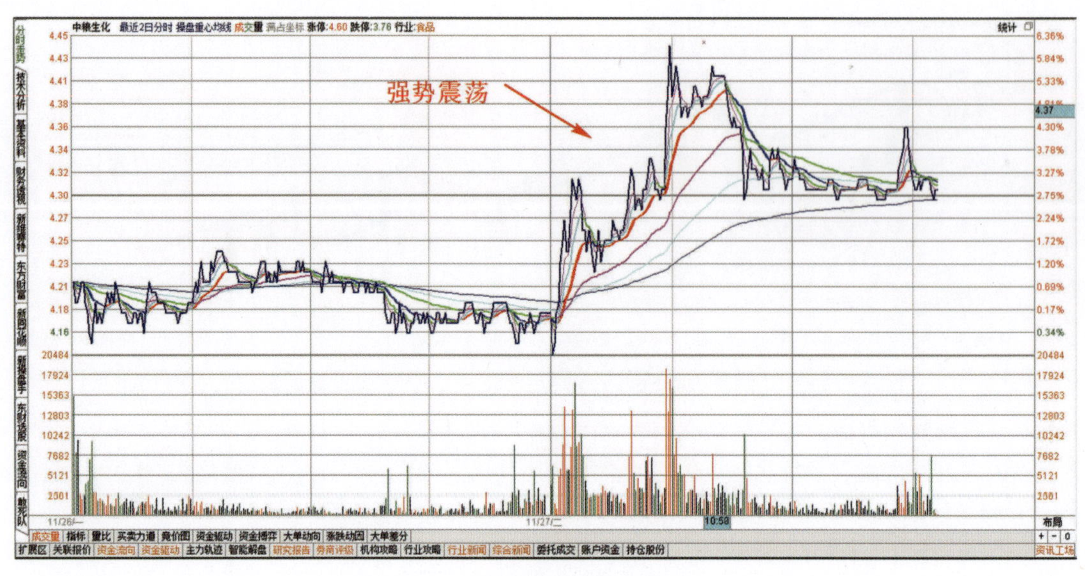

实训图谱 036

请各位参加实训的操盘手把盘口技术实训图谱的看盘要点写在下边，存档备查：

__________年______月______日　星期______ 实训操盘手：__________

盘口技术实训图谱看盘要点如下：

（1）____

（2）____

（3）____

（4）____

盘口技术实训图谱 037

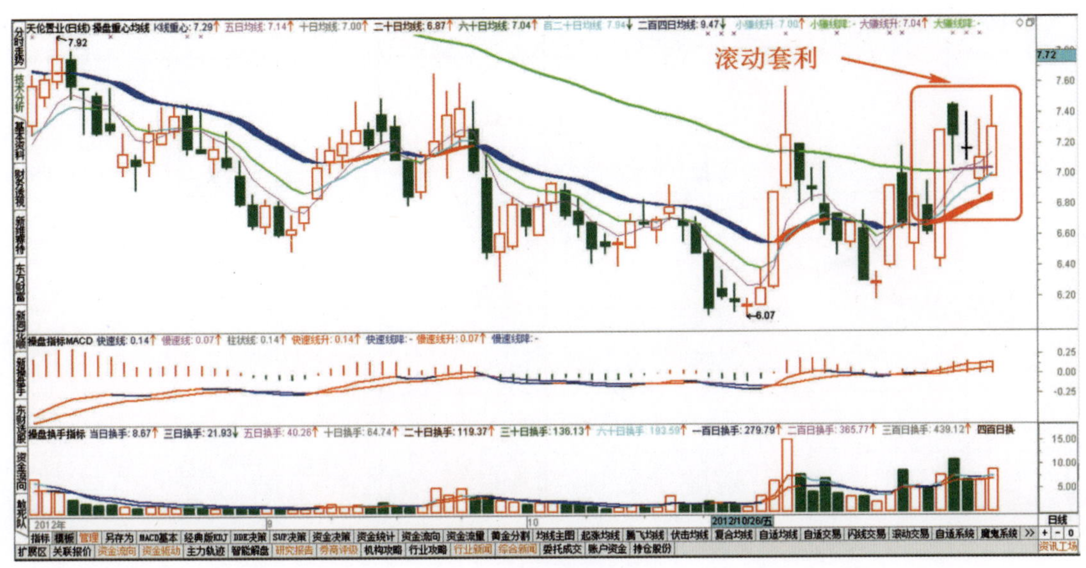

实训图谱 037

请各位参加实训的操盘手把盘口技术实训图谱的看盘要点写在下边，存档备查：

__________年______月______日　星期______ 实训操盘手：__________

盘口技术实训图谱看盘要点如下：

(1) ______________________________

(2) ______________________________

(3) ______________________________

(4) ______________________________

盘口技术实训图谱 038

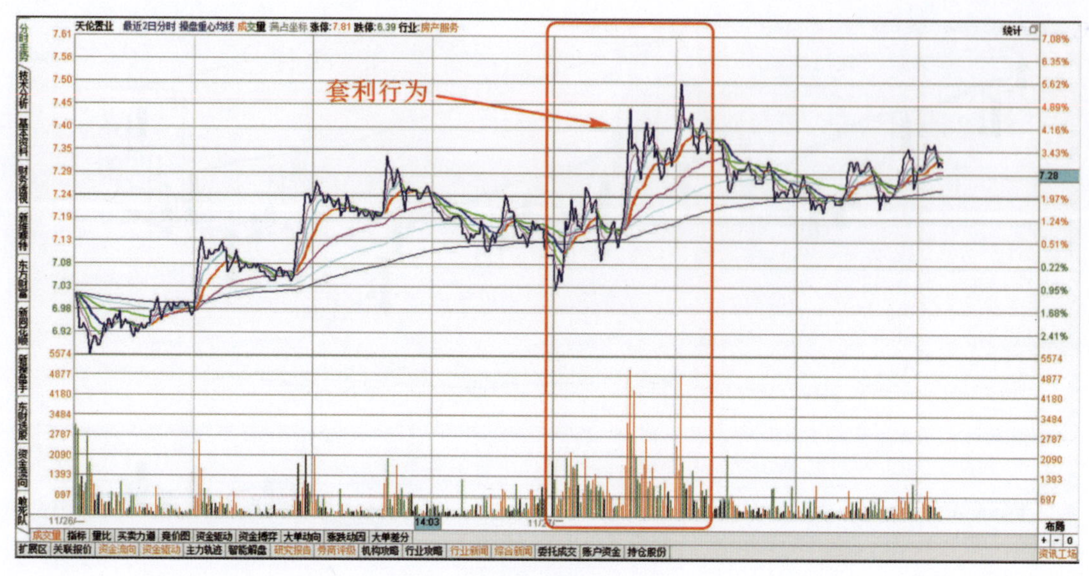

实训图谱 038

请各位参加实训的操盘手把盘口技术实训图谱的看盘要点写在下边，存档备查：

______年______月______日　星期______　实训操盘手：______

盘口技术实训图谱看盘要点如下：

(1) ______

(2) ______

(3) ______

(4) ______

盘口技术实训图谱 039

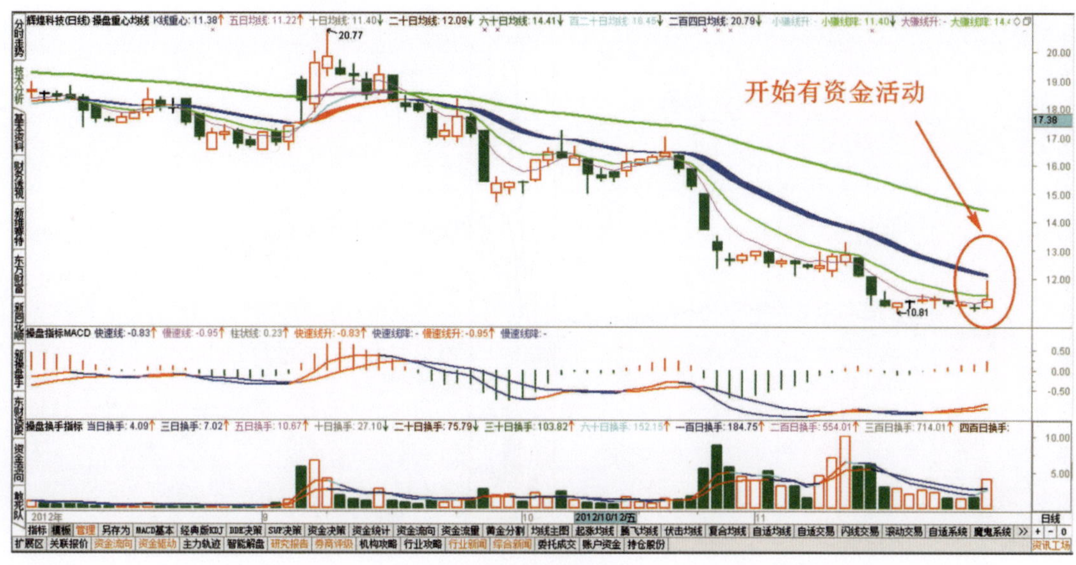

实训图谱 039

请各位参加实训的操盘手把盘口技术实训图谱的看盘要点写在下边，存档备查：

____________年______月______日　星期______ 实训操盘手：__________

盘口技术实训图谱看盘要点如下：

(1) ____

(2) ____

(3) ____

(4) ____

盘口技术实训图谱 040

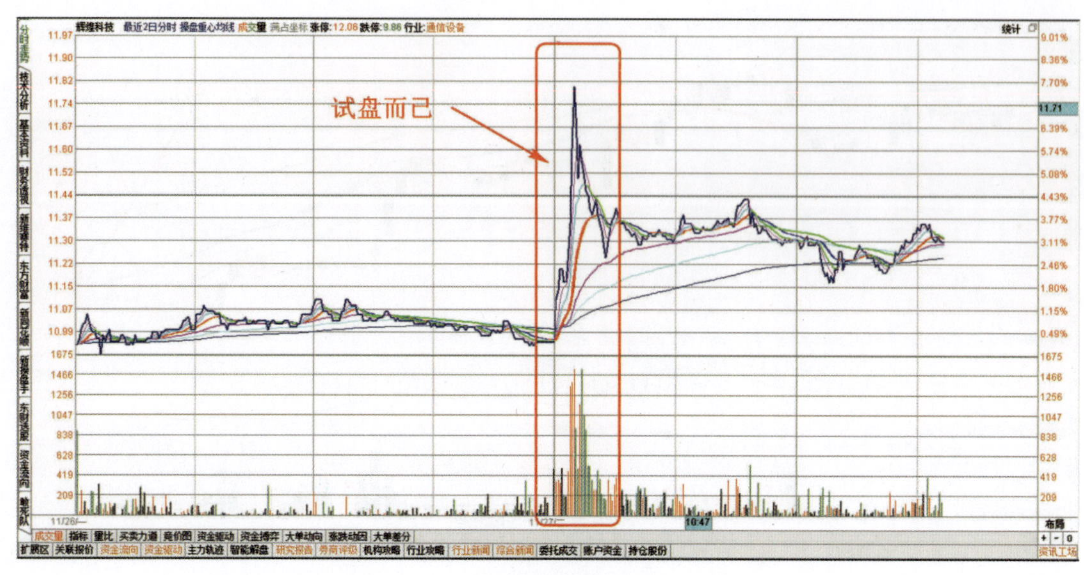

实训图谱 040

请各位参加实训的操盘手把盘口技术实训图谱的看盘要点写在下边，存档备查：

__________年______月______日　星期______　实训操盘手：__________

盘口技术实训图谱看盘要点如下：

（1）______________________________

（2）______________________________

（3）______________________________

（4）______________________________

盘口技术实训图谱 041

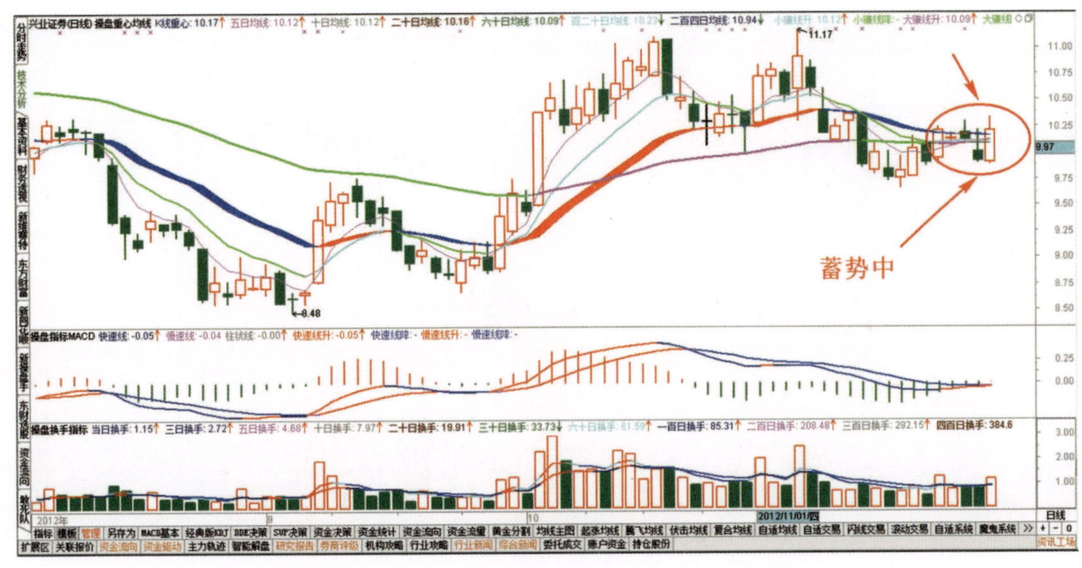

实训图谱 041

请各位参加实训的操盘手把盘口技术实训图谱的看盘要点写在下边，存档备查：

________年____月____日 星期____ 实训操盘手：______

盘口技术实训图谱看盘要点如下：

（1）____________________

（2）____________________

（3）____________________

（4）____________________

盘口技术实训图谱 042

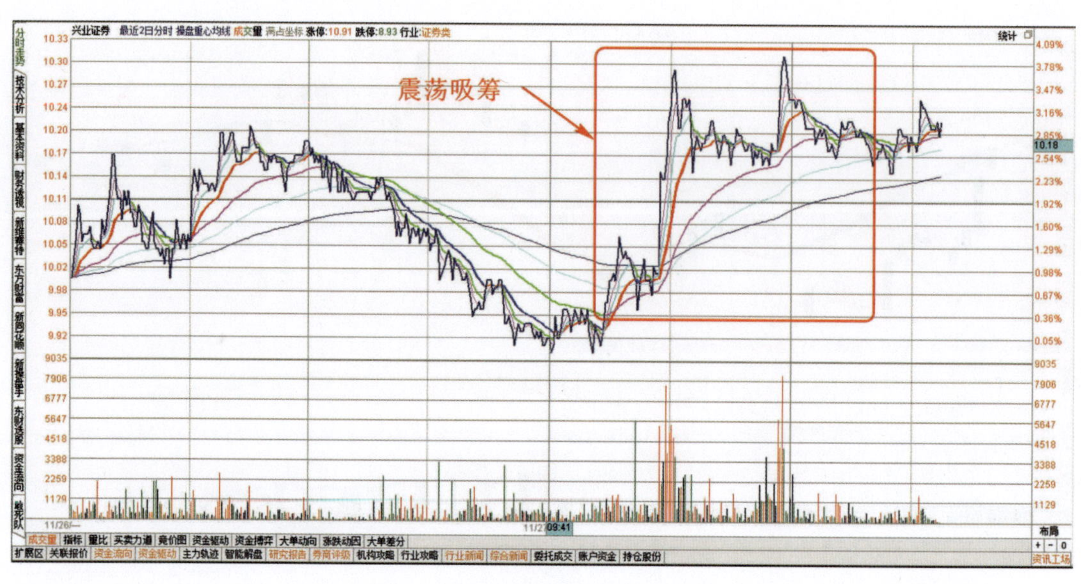

实训图谱 042

请各位参加实训的操盘手把盘口技术实训图谱的看盘要点写在下边，存档备查：

______年______月______日　星期______　实训操盘手：__________

盘口技术实训图谱看盘要点如下：

(1) ____________________

(2) ____________________

(3) ____________________

(4) ____________________

盘口技术实训图谱 043

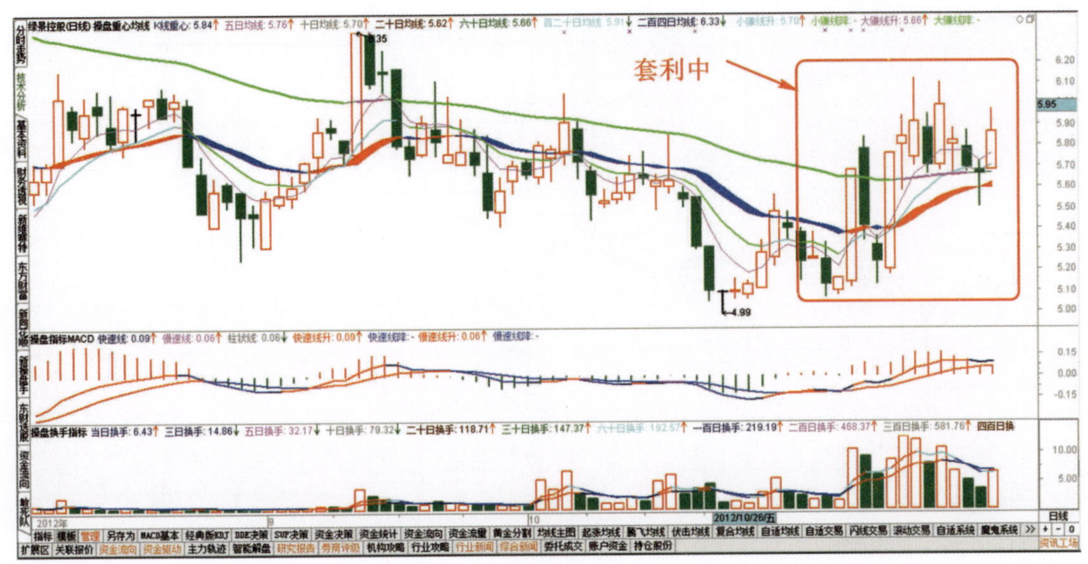

实训图谱 043

请各位参加实训的操盘手把盘口技术实训图谱的看盘要点写在下边，存档备查：

__________年______月______日　星期______　实训操盘手：__________

盘口技术实训图谱看盘要点如下：

(1) ____

(2) ____

(3) ____

(4) ____

盘口技术实训图谱044

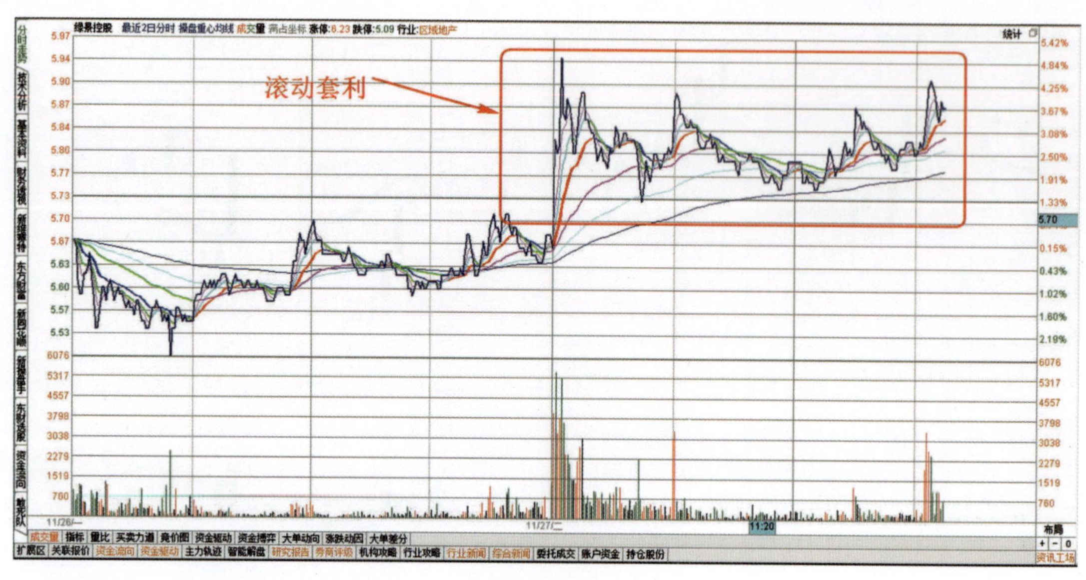

实训图谱044

请各位参加实训的操盘手把盘口技术实训图谱的看盘要点写在下边，存档备查：

__________年______月______日　星期______ 实训操盘手：__________

盘口技术实训图谱看盘要点如下：

（1）________________________________

（2）________________________________

（3）________________________________

（4）________________________________

盘口技术实训图谱 045

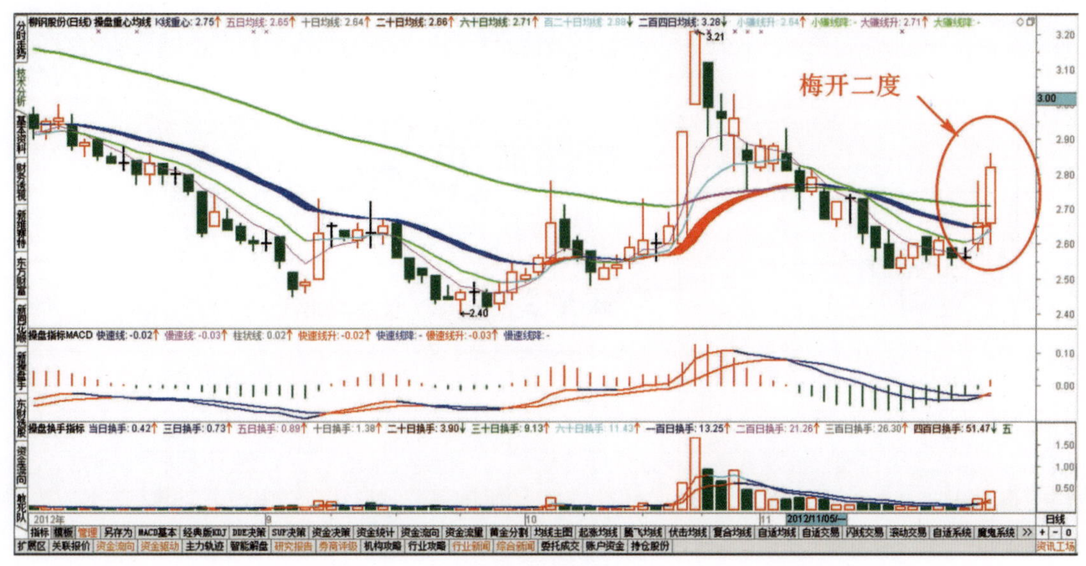

实训图谱 045

请各位参加实训的操盘手把盘口技术实训图谱的看盘要点写在下边，存档备查：

__________年______月______日　星期______ 实训操盘手：__________

盘口技术实训图谱看盘要点如下：

(1) ____

(2) ____

(3) ____

(4) ____

盘口技术实训图谱 046

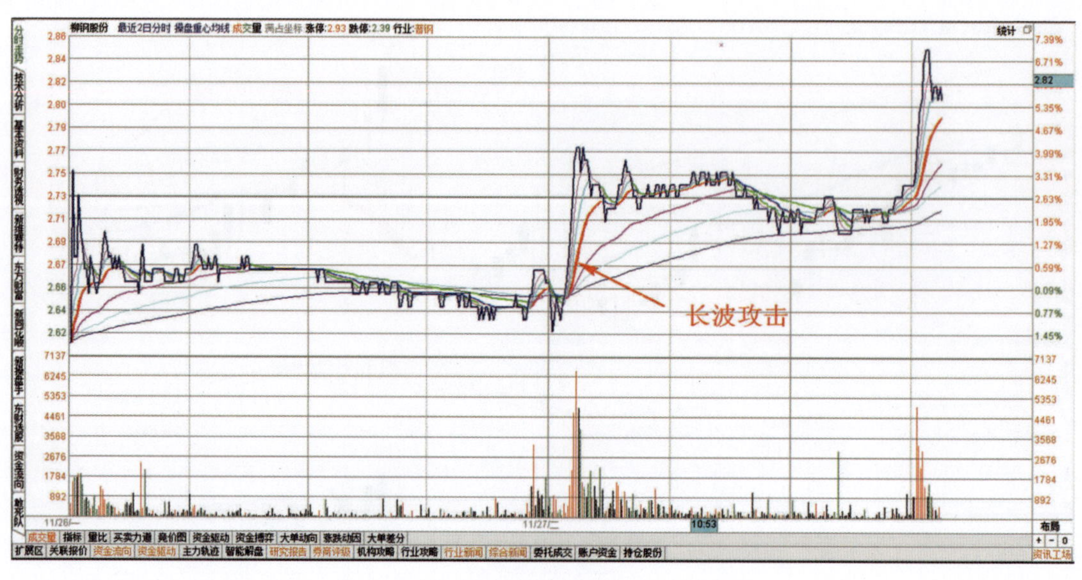

实训图谱 046

请各位参加实训的操盘手把盘口技术实训图谱的看盘要点写在下边，存档备查：

____________年______月______日　星期______ 实训操盘手：__________

盘口技术实训图谱看盘要点如下：

（1）____

（2）____

（3）____

（4）____

盘口技术实训图谱 047

实训图谱 047

请各位参加实训的操盘手把盘口技术实训图谱的看盘要点写在下边，存档备查：

____________年______月______日　星期______　实训操盘手：__________

盘口技术实训图谱看盘要点如下：

（1）____

（2）____

（3）____

（4）____

盘口技术实训图谱 048

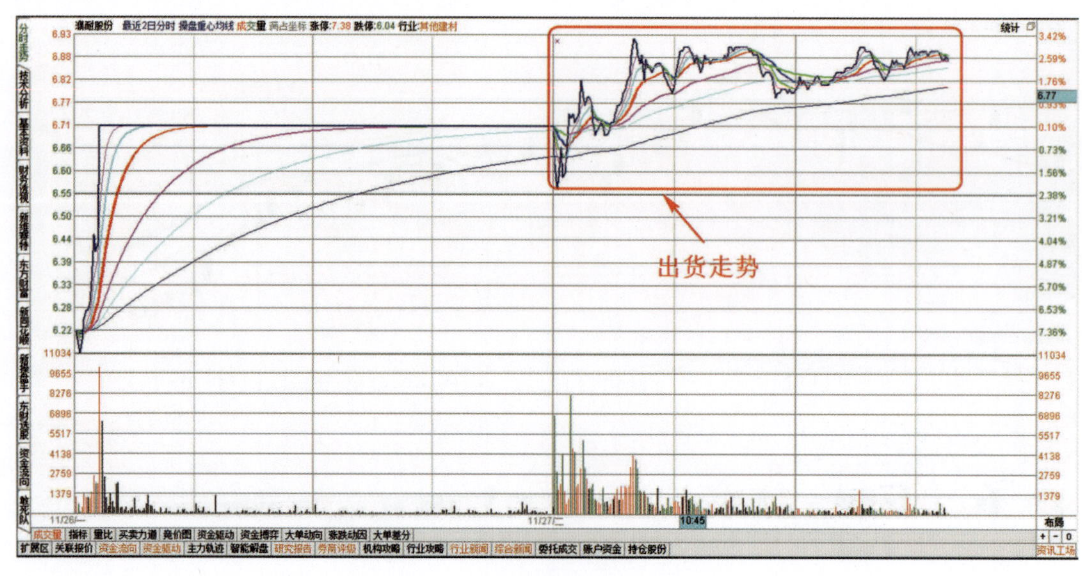

实训图谱 048

请各位参加实训的操盘手把盘口技术实训图谱的看盘要点写在下边，存档备查：

________年____月____日 星期____ 实训操盘手：______

盘口技术实训图谱看盘要点如下：

（1）____________________

（2）____________________

（3）____________________

（4）____________________

盘口技术实训图谱 049

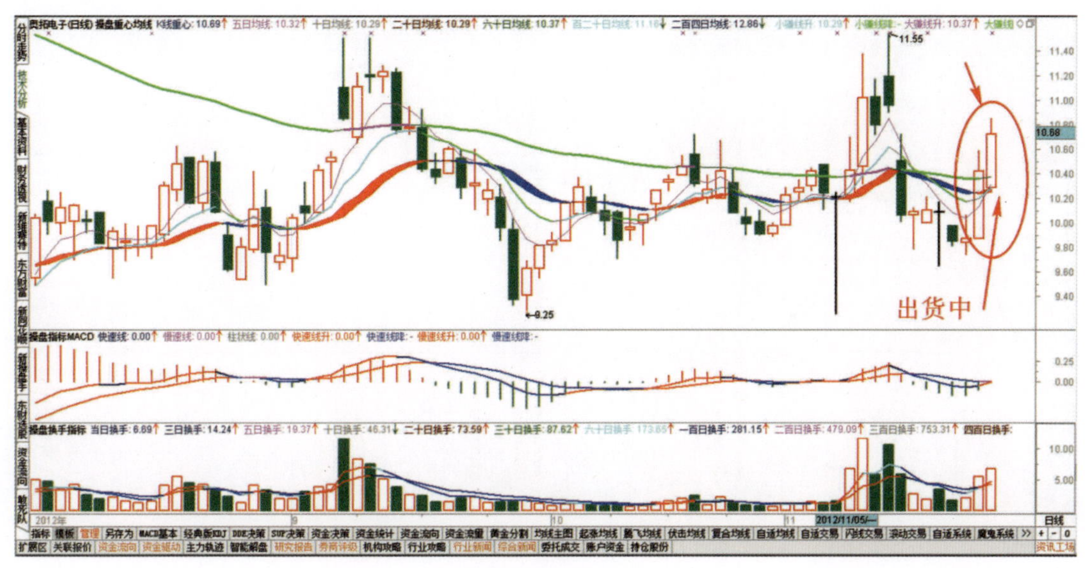

实训图谱 049

请各位参加实训的操盘手把盘口技术实训图谱的看盘要点写在下边，存档备查：

______________年______月______日　星期______ 实训操盘手：__________

盘口技术实训图谱看盘要点如下：

（1）____

（2）____

（3）____

（4）____

盘口技术实训图谱 050

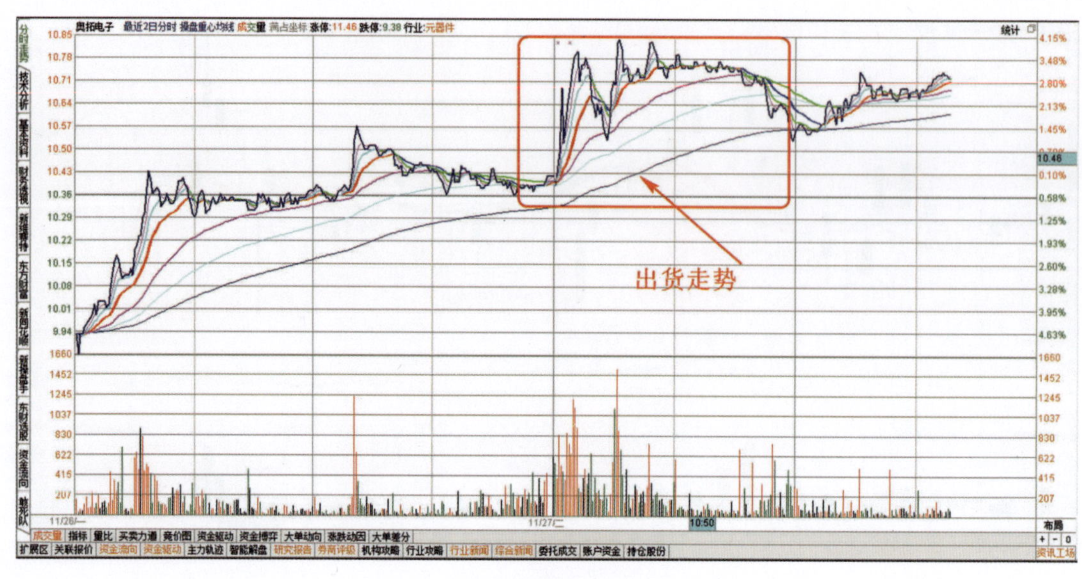

实训图谱 050

请各位参加实训的操盘手把盘口技术实训图谱的看盘要点写在下边，存档备查：

____________年______月______日　星期______ 实训操盘手：__________

盘口技术实训图谱看盘要点如下：

(1) ____

(2) ____

(3) ____

(4) ____

后　记

这段时间大盘不断创新低，这对于大多数散户来说，简直是噩梦。

但是，对于机构来说，却是求之不得的建仓良机。

我们也在忙着建仓了。因此，关于写作的事，可能要告一段落了。

盘口技术是一门实践性很强的技术，需要反复实战训练，才可能掌握。

但是，因为忙，实在是没时间给大家实训，实在抱歉。

各位如果有什么不明白的地方，就发邮件给他们吧。

真的很抱歉，没时间给各位讲解了。

陈金壮

2012 年 12 月 18 日

写于冰城清静阁书斋